PRÄSIDENTSCHAFT DER TÜRKISCHEN REPUBLIK FÜR RELIGIÖSE ANGELEGENHEITEN

Allgemeine Veröffentlichung Nr: 2043
Jugendbücher: 28

Generalkoordination : **Prof. Dr. Huriye Martı**
Leiter der Publikation: **Doz. Dr. Fatih Kurt**
Koordination: **Yunus Yüksel**
Herausgeber: **Doz. Dr. Fatih Kurt**
Übersetzung : **Sabahat Öcel**
Redaktion: **Fatma Yüksel**
Hergestellt von: **Ayşe Nur Özkan**
Dr. Ravza Cihan
Dr. Nurhayat Haral Yalçı
Dr. Tuba Duru
Esra Baş
İmran Elagöz Taşkın
Buchkorrektur: **Elif Erdem**
Hale Şahin

Beschluss des Hochrats für Buchkorrektur: 30.09.2021/51

2022-06-Y-0003-2043

ISBN 978-625-435-093-1

Zertifikatsnummer: 12930

Design: **Emre Yıldız**

Druckvorbereitung: **Uğur Altuntop**

Auflage: Sarıyıldız Ofset Matb. Amb. Kağ. Paz. San. Tic. Ltd. Şti.
Tel: +90 312 395 99 94

2. Druck Ankara 2022

© Präsidium für Religionsangelegenheiten, Abteilung Religiöse Publikationen

Kontakt:
Präsidium für Religionsangelegenheiten
Generaldirektorat für religiöse Publikationen
Abteilung für Publikationen in Fremdsprachen und Dialekten

Dini Yayınlar Genel Müdürlüğü
Yabancı Dil ve Lehçelerde Yayınlar Daire Başkanlığı
Üniversiteler Mah. Dumlupınar Bulvarı No: 147/A 06800
Çankaya – ANKARA / TÜRKİYE
Tel.: +90 312 295 72 81 · Fax: +90 312 284 72 88
e-mail: yabancidiller@diyanet.gov.tr

Vertrieb und Verkauf:
Umlaufvermögen Abteilungsleitung
Tel: +90 312 295 71 53 - 295 71 56
Fax: +90 312 285 18 54
e-mail: dosim@diyanet.gov.tr

PUBLIKATION DES PRÄSIDIUMS FÜR RELIGIONSANGELEGENHEITEN

Mit Fragen und Antworten
Warum glaube ich?

Das Präsidium für Religiöse Angelegenheiten (Diyanet İşleri Başkanlığı) ist die einzige offizielle Institution, die Aufgaben bezüglich religiöser Angelegenheiten ausführen darf.

Die Republik Türkiye ist ein Land, das 1923 als Fortführung einer alten Zivilisation gegründet wurde. Die Mehrheit der Bevölkerung der Türkiye, die der Schnittpunkt der Zivilisationen ist, sind Muslime.

INHALT

DER GLAUBE AN ALLAH 9

DER GLAUBE AN DIE ENGEL 53

DER GLAUBE AN DIE BÜCHER 77

DER GLAUBE AN DIE PROPHETEN 109

DER GLAUBE AN DEN JÜNGSTEN TAG 137

DER GLAUBE AN DIE VORHERBESTIMMUNG UND AN DAS SCHICKSAL 171

AUSSAGEN, DIE EINEN RELIGIONSAUSTRITT VERURSACHEN 197

VORWORT

Der Wunsch nach Wissen bedarf die Recherche und Befragung. Derjenige, der aufgrund seiner Neugier Fragen stellt, um seine Unwissenheit zu beseitigen, hat eines der wichtigsten Wege des Lernens gefunden. Das Wichtigste bei einer Fragestellung ist, die Frage an die richtige Person zu richten. Der richtige Weg, um Tatsachen zu lernen ist, Experten zur Rate zu ziehen, damit keine lückenhaften oder falschen Informationen bezüglich eines Themas weitergegeben werden. Demnach offenbart Allah Ta´ala[1] im Hinblick auf dieses Thema Folgendes: *„.... fragt Wissende, wenn ihr nicht wisst"*,[2] und deutet somit auf die Wichtigkeit eines kompetenten Adressaten beim Stellen einer Frage hin.

Im gegenwärtigen Zeitalter der Information und Kommunikation ist der Zugang zu Informationen sehr leicht, aber der Zugang zu Tatsachen jedoch schwierig. Insbesondere Jugendliche, deren Verstand mit falschen Informationen hinsichtlich des Glaubens verwirrt ist, haben Schwierigkeiten zwischen richtigen und falschen Informationen zu unterscheiden. Aus diesem Grund geraten sie viel leichter auf die schiefe Bahn. Sobald die Jugendlichen Zugang zu richtigen Informationen bezüglich des Glaubens erlangen, welche das Fundament des Islams bilden, werden die gesellschaftlichen Werte zunehmen.

Auch unserem geliebten Propheten (saw.)[3], der den Jugendlichen die Pflicht gab, die islamischen Werte zu leben und diese zu beleben, wurden sehr viele Fragen über den Glauben,

---

1 *Ta´ala*: Der Erhabene, Der Lobgepriesene.
2 An-Nahl, 16/43.
3 (saw.) Abkürzung für *„Sallallahu alayhi wassallam* /Friede und Gruß sei auf ihn".

DIE GLAUBENSFRAGEN DER JUGEND

über das Verborgene (*Ghayb*), die Glaubenspraxis (*Ibadah*) bis hin zur islamischen Lebensweise im Alltag gestellt. Vor allem, aber hat die junge Generation, aufgrund der Antworten des Propheten (saw.), ihrem Leben eine Richtung gegeben.

Dieses Werk wurde in Folge der Fragen unserer jungen Geschwister an den hohen Ausschuss für religiöse Angelegenheiten und als Antwort auf die Fragen, welche die Schüler beschäftigten, die im „Institut für Stipendien und Unterbringung" betreut werden, erstellt. Auf Fragen, wie: „Muss ich glauben?", „Was ist Deismus?", „Kann sich das Schicksal ändern?", die den Verstand der Jugendlichen beschäftigen, werden Antworten geliefert, die auf authentischen Informationen basieren.

Die Texte des Werkes wurden vom Editor und Generaldirektor für religiöse Publikationen Dr. Fatih Kurt erstellt und von Ayşenur Özkan, Dr. Ravza Cihan, Dr. Nurhayat Haral Yalçı, Dr. Tuğba Duru, Esra Baş und Imran Elagöz Taşkın vorbereitet. Bei der Publikation des Werkes unterstützten uns unsere Kollegen aus den verschiedenen Ebenen des Präsidiums. Die Korrektur übernahmen die Expertinnen für religiöse Dienste, Elif Erdem und Hale Şahin.

Wir hoffen, dass insbesondere unsere jungen Geschwister und generell all unsere Leser eine Antwort auf die Fragen in ihrem Kopf erhalten und bedanken uns hiermit bei allen Beteiligten dieses Werkes.

Wichtiger Vermerk:

Alle Zitate/Textentnahmen in diesem Buch wurden aus dem Originaltext des Buches übersetzt. Die Quellenangaben sind gemäß den verwendeten Originalquellen des Autors.

DER GLAUBE AN ALLAH

Bin ich verpflichtet zu glauben?

Alle Menschen wurden rein, sündenfrei und geeignet für die Entwicklung und Reifung erschaffen. In der Natur/ dem Wesen (*Fitrah*) des Menschen besteht die Tendenz, die Existenz und die Einheit Allahs zu erkennen. Diese Tendenz tritt durch das aufrichtige Suchen auf. Das Leben in einer angemessenen Umgebung begünstigt dies. Eine Person, die glaubt, findet Antworten auf grundlegende Fragen über Allah, über die eigene Existenz, das Leben und den Tod. Außerdem braucht der Mensch den Glauben aufgrund seiner Psyche.

Die Religion wird als ein heiliges Gesetz definiert, welches die Menschen durch ihren freien Willen und auf eigenen Wunsch zu Gutem, Richtigem und Schönem bringt. Das Wichtigste an dieser Beschreibung ist, dass der Mensch mit seinem freien Willen und ohne Zwang eine Religion wählt, die er selbst akzeptiert. Unser Schöpfer weist mit dem Vers: *„In der Religion gibt es keinen Zwang"*,[1] darauf hin, dass jeder gemäß seinem freien Willen dem Aufruf des Islams folgt oder nicht.

In Anbetracht des historischen Prozesses sehen wir, dass sich die Religions- und Gewissensfreiheit erst viel später in den Menschenrechten verankert hat. Genauso, wie niemandem etwas bezüglich des Glaubens aufgezwun-

---

1 Al-Baqara, 2/256.

gen wird, so wird den Gläubigen die Möglichkeit gegeben, ihre Religion frei auszuleben.

Die Neigung zum Extremen, indem man anderen Menschen religiöse Themen aufzwingt, ist ein Verhalten, welches Allah als unangemessen einstuft. Im heiligen Qur´an wird Folgendes offenbart: *„Und wenn dein Herr es gewollt hätte, wären alle auf Erden allesamt gläubig geworden. Willst du etwa die Leute zwingen, gläubig zu werden?"*[2] Darüber hinaus gilt ein Mensch als Heuchler und nicht als Gläubiger, wenn er aus Zwang glaubt.

Derjenige, der an eine höhere Macht glaubt, sich an sie bindet und auf sie vertraut, wird sich nicht alleingelassen fühlen und beim Lösen der Probleme die Unterstützung und Hilfe seines Schöpfers erlangen. Deshalb ist es erwähnenswert, dass der Glaube ein wichtiger Bedarf des Menschen ist.[3]

Ist Glaube und Wissen das Gleiche?

Der Glaube bedeutet, etwas mit Seelenfrieden anzunehmen und aufrichtig daran zu glauben. Laut dem Islam ist der Glaube die Akzeptanz der Richtigkeit der Offenbarungen Allahs durch den Propheten (saw.) und der aufrichtige Glaube an diese. Diejenigen, die diesen Glauben besitzen, nennt man „*Mu´min*" (Gläubige) und diejenigen, die ihren Glauben mit voller Hingabe erfüllen, werden „Muslime" (praktizierende Gläubige) genannt. Es ist wichtig, dass der Mensch weiß, an wem, wie und warum er glaubt. Die islamischen Gelehrten beschreiben den Glauben als die Bestätigung mit dem Her-

---

2 Yunus, 10/99.
3 Bekir Topaloğlu, „Religion", *DIA*, c. 9, s. 322-325.

zen und das Bekenntnis mit dem Mund/den Worten. Der Glaube ist im Wesentlichen das Werk und die Bestätigung des Herzens. Damit der Mensch in seinem sozialen Leben als Muslim wahrgenommen wird, muss er sich mündlich zu seinem Glauben bekennen.

Eine Person wird nicht gläubig, wenn sie die religiösen Grundlagen kennt, aber diese nicht vom Herzen bestätigt. Das beste Beispiel hierfür sind westliche Akademiker, die den Islam erforschen, wie etwa Orientalisten. Personen, welche die Religion, Sprache, Wissenschaft, Sichtweise, Kunst und Geschichte des Islams erforschten und in diesem Bereich über die Werte dieser Religion urteilten, nahmen letztendlich - dank dieses umfangreichen Wissens – den Glauben an. Damit das Gelernte zum Glauben werden kann, muss es akzeptiert, das heißt von Herzen und Gefühlen bestätigt werden.[4]

Kann man die Existenz Allahs mit dem Verstand beweisen?

Informationen über die Lebewesen erlangen wir größtenteils über unsere Sinne und durch unseren Verstand. Der Verstand ist der größte Segen, welches Allah den Menschen beschert hat. Dennoch ist es nicht möglich, jede Information mit dem Verstand zu erlangen. Eines der Wissensquellen der Muslime ist die Offenbarung. Unser Schöpfer informierte Seine Diener durch die gesandten Propheten und die heiligen Bücher.

---

4   Mustafa Sinanoğlu, "İman", DİA, c. 22, s. 212-214.

Es gibt zwei grundlegende Ebenen der Existenz. Die eine Ebene kann mit den Sinnen erfasst werden und die andere nicht. Die Ebene, die wir mit unseren Sinnen erfassen können, erkennen wir durch unseren Verstand und über unsere Sinne. Wenn wir bestimmte Informationen erlangen möchten, können wir empirische

Untersuchungen im Labor veranlassen und damit die richtigen Ergebnisse erzielen. Dies ist aber in der Ebene der Existenzen, die außerhalb der Wahrnehmung unserer Sinne liegen, nicht möglich. Unser Schöpfer ist ebenfalls eine übersinnliche Existenz, sodass wir Ihn nicht mit unseren Sinnen erfassen können. Aus diesem Grund kann man die Existenz Allahs nicht mit Belegen, die mit dem Auge sichtbar und mit den Händen greifbar sind, beweisen. Die diesbezüglich vorgelegten Beweise sind dafür da, um die Menschen zu warnen, und sie zum Nachdenken anzuregen.

Die islamischen Gelehrten meinen, dass genau so, wie dem Auge das Sehvermögen gegeben wurde, so auch dem Menschen die natürliche Veranlagung (*Fitrah*) gegeben wurde, Allah zu kennen und Ihm zu dienen. Genauso, wie der Mensch durch eine Krankheit oder durch ein Hindernis das Sehvermögen teilweise oder vollständig verlieren kann, so können Störungen der natürlichen Veranlagung dazu führen, dass diese Eigenschaft beeinträchtigt wird.

Unser Schöpfer offenbart Folgendes: *„Siehe, in der Schöpfung der Himmel und der Erde und in dem Wechsel der Nacht und des Tages und in den Schiffen, welche das Meer durcheilen mit dem, was den Menschen nützt, und in dem, was Allah vom Himmel an Wasser niedersendet, womit Er die Erde nach ihrem Tode belebt, und was Er an allerlei Getier auf ihr verbreitet, und in dem Wechsel der Winde und der Wolken, die* *dem Himmel und der Erde dienen – wahrlich, in all dem sind Zeichen für Leute von Verstand!"*⁵ Diese unfehlbare Harmonie und Ordnung sind eines der wichtigen Beweise für die Existenz Allahs.

Es wäre ein richtiger Ansatz, über die Schöpfungen und Werke unseres Schöpfers nachzudenken, um so die Erkenntnis über Allahs Existenz zu erlangen. Jeder Mensch, dessen natürliche Veranlagung (*Fitrah*) nicht gestört, dessen Verstand nicht mit falschen Informationen benebelt wurde, und er generell keine Vorurteile hat, wurde so erschaffen, dass er durch die Betrachtung der Werke Allahs, Seine Existenz erkennen kann.⁶

Wie kann ich die Existenz Allahs in meinem Leben fühlen

Allah hat den Menschen mit seinen physischen und spirituellen Dimensionen als ein Ganzes erschaffen. Der Mensch hat bedingt durch seine Existenz die Kapazität seinen Schöpfer zu erkennen. Dass der Mensch in der Lage ist, seit seiner Geburt die Existenz Allahs wahrzunehmen, erklären die islamischen Gelehrten mit dem Begriff „*Fitrah*", der „natürlichen Veranlagung". Unser Prophet (saw.) verkündete diese Tatsche wie folgt: *„Jedes Kind wird gemäß seiner natürlichen Veranlagung (Fitrah) geboren."*⁷

Wenn wir den menschlichen Körper genauer betrachten, dann werden wir schnell merken, dass er vom Aufbau der DNA, des Nervensystems, der Zellen bis hin zu den Elementen im Blut mit einer perfekten Ausstattung erschaffen wor-

---
5 Al-Baqara, 2/164.
6 Bekir Topaloğlu, "Allah", *DİA*, c. 2, s. 473-477.
7 Buhârî, Tefsîr, (Rûm) 2.

den ist. Wir wissen auch, dass so eine perfekte Schöpfung nicht die Eigenschaft besitzt, von alleine zu entstehen. Alle bisherigen wissenschaftlichen Ansätze, welche die Existenz Allahs leugnen, konnten nicht einmal einen der menschlichen Organe/Gliedmaßen derart perfekt hervorbringen wie Allah, geschweige denn einen Menschen zu erschaffen. Dass dies niemals möglich sein wird, wird im heiligen Qur´an, wie folgt verkündet: *„Oh ihr Menschen! Ein Gleichnis ist für euch geprägt worden; so hört es: Siehe jene, die ihr neben Allah anruft, nie können sie jemals eine Fliege erschaffen, selbst wenn sie sich zusammentun. Und wenn ihnen die Fliege etwas raubte, könnten sie es ihr nicht wegnehmen. Schwach sind der Bittende und der Gebetene."*[8]

Unser Herr verkündet mit folgendem Vers im heiligen Qur´an: *„Ihn bittet, wer in den Himmeln und auf Erden ist. Jeden Tag manifestiert Er sich neu"*[9], dass, ob bewusst oder unbewusst, alle Lebewesen ständig mit Allah in Verbindung stehen. Es ist unmöglich, dass der Mensch die Existenz Allahs nicht fühlt, wenn er doch selbst beim Atmen vom Erschaffen Allahs abhängig ist. In sehr vielen Versen des heiligen Qur´ans wird deutlich, dass wir Ihn jeder Zeit fühlen können, vor allem wenn wir uns die Schöpfung des Daseins[10] und der Menschen[11] anschauen. Wie in der Warnung des Propheten *Hud/Heber* (as.)[12] an seinem Volk *Ad*, das trotz eines wohlhabenden Lebens in der Stadt *Irem* mit überwältigenden Schlössern, Burgen und Gärten die Existenz Allahs leugnete: *„Und fürchtet Den, Der euch reichlich mit all*

---

8 Al-Hadsch, 22/73.
9 Ar-Rahman, 55/29.
10 An-Nahl, 16/11, 12; ar- Rum, 30/22; al-Fatır, 35/41; Yasin, 36/38-40; Qaf, 50/6.
11 Al-Mu'minun, 23/14; Yasin, 36/77; al-Dschasiye, 45/4.
12 (as.) Abkürzung für „Alayhissalam / gegrüßt sei er".

DER GLAUBE AN ALLAH

dem versorgte, was euch wohlbekannt ist, euch reichlich versorgte mit Viehherden und Kindern und Gärten und Quellen."[13]

Allein, wenn wir uns das Dasein eines Menschen anschauen, seine Geburt, seine Reifung zum Erwachsenen und sein darauffolgender Tod, lässt die Existenz Allahs fühlen. Die Liebe in unserem Herzen ist ein Hinweis der Barmherzigkeit Allahs gegenüber uns. Allah ist Derjenige, Der Seine Diener bei einer Krankheit heilt, sie versorgt, wenn sie hungern und ihnen Sicherheit gibt, wenn sie kein Vertrauen haben. Diese Tatsache wird im heiligen Qur´an mit den Worten von Abraham (as.), wie folgt beschrieben: *„Diejenigen, die ihr neben Allah anbetet, sind jedenfalls alle meine Feinde, außer der Herrn der Welten, Er ist Derjenige, Der mich erschuf und Der mich leitet und Der mich speist und tränkt und Der mich heilt, wenn ich krank bin.*"[14]

Macht mich der Glaube an Allah stärker?

Es hängt mit der psychischen Stärke des Menschen zusammen, ein ausgeglichenes und friedliches Leben zu führen und eine gewisse Motivation zu haben, seine lebenswichtigen Bedürfnisse zu befriedigen. Psychisch belastbare Menschen sind viel erfolgreicher darin, die Herausforderungen zu meistern, denen sie gegenüberstehen. In der heutigen Zeit wird der Stress, den das moderne Leben jedem Einzelnen auferlegt, von Ärzten als die Ursache oder der Auslöser vieler Krankheiten angesehen.

Der Glaube an Allah wirkt wie ein Schutzschild für Muslime.

---

13 Asch-Schuara, 26/132-134.
14 Schuara, 26/77-80. Siehe auch Sure Kuraysch.

Wenn der Mensch alles in seiner Macht Stehende bei der Bewältigung von Herausforderungen getan hat, seinen Schöpfer um Hilfe bittet und das Resultat seiner Anstrengungen Allah überlässt (*Tawakkul*), gibt die Existenz eines Schöpfers, Der alles kann und alles hört, dem Menschen das Gefühl von Vertrauen und Sicherheit.

Unser Schöpfer verkündet, dass Er auf die Bittgebete der Bittenden antwortet und sobald ein Diener sich Ihm nähert, Er sich Seinen Dienern noch mehr nähern wird: *„Und wenn dich Meine Diener nach Mir fragen, siehe, Ich bin nahe. Ich will dem Ruf des Rufenden antworten, sobald er Mich ruft. Doch auch sie sollen Meinen Ruf hören und an Mich glauben; vielleicht schlagen sie den rechten Weg ein."*[15]

Der Glaube an Allah ist eine Kraftquelle für diejenigen, die für die Rechte und für die Gerechtigkeit zum Wohle der Menschheit kämpfen. In der Geschichte gibt es genügend Beispiele dafür, dass der Glaube an Allah den Menschen eine spirituelle Kraft gegeben hat, sodass sie die schwierigen Phasen und ihre Probleme bewältigen konnten.

Es ist eines der wichtigsten Stützen eines Volkes, vor allem in schwierigen und mühsamen Zeiten, an Allah zu glauben. In der Schlacht von *Badr* gewannen die Gläubigen gegen die Götzendiener mit der Hilfe Allahs, obwohl sie bezüglich ihrer Anzahl und ihrer Waffen den Götzendienern unterlegen waren. Außerdem wurde ihnen verkündet, dass sie noch mehr unterstützt werden, wenn sie geduldig sind und den Ungehorsam gegenüber Allah vermeiden.[16] Es ist eine historische Tatsache, dass unsere Vorfahren die Herausforderun-

---

15 Al-Baqara, 2/186.
16 Al-i Imran, 3/123-125.

DER GLAUBE AN ALLAH

gen bewältigten, im Glauben, dass die Unterstützung unseres Schöpfers und die Seiner Heerscharen auf ihrer Seite ist.

Wo ist Allah? Kann ich Ihn sehen oder hören?

Es ist eine Eigenschaft der Geschöpfe sich an einem Ort oder in einem Raum zu befinden. Unser Schöpfer dagegen ist kein Geschöpf. Es wäre kein korrekter Ansatz, Allah einen Ort oder einen Raum zuzuweisen, den Er selbst erschaffen hat. Allah ist der Schöpfer von allem und jedem. Die Beschaffenheit Allahs Dasein (*Zat/Dhat*) geht über unsere Vorstellungskraft hinaus.

Es gibt sehr viele Dinge auf der Welt, die wir nicht sehen können. Es liegt nicht daran, dass sie nicht existieren, sondern, dass unsere Augen nicht die Eigenschaft besitzen, diese zu sehen. Es ist nicht möglich, Allah, Den Allmächtigen, unmittelbar mit unseren Sinnen zu erfassen. Unser Schöpfer erläutert dies im heiligen Qur´an, wie folgt: *„Kein Blick erfasst Ihn. Er aber erfasst alle Blicke. Und Er ist der Unfassbare, der Kundige."*[17] Obwohl wir Ihn nicht sehen können, ist unser Schöpfer mit der Manifestation Seiner Namen und Eigenschaften überall, wie die Hitze und das Licht der Sonne, die überall eindringt.[18]

---

17 An´am, 6/103.
18 https://kurul.diyanet.gov.tr/Cevap-Ara/7/Allah-nerededir? Für ausführliche Informationen siehe Bekir Topaloğlu, "Allah", *DİA*, c. 2, s. 471-498.

Werde ich Allah im Paradies sehen?

Laut den meisten islamischen Gelehrten werden die Gläubigen Allah im Paradies sehen können. Dies wird der größte Segen im Paradies sein. Unser Schöpfer kündigte uns dies mit folgendem Vers an: *„An diesem Tag werden manche Gesichter leuchten, wenn sie ihren Herrn sehen."*[19] Laut den *Ahadithen*[20] des Propheten (saw.) werden die Gläubigen Allah im Paradies sehen, wie an einem wolkenlosen Mittag die Sonne, oder in einer wolkenlosen Nacht den Vollmond.[21] Wir wissen jedoch nicht, wie dieses Angesicht sein wird. Auf die Frage, wie wir Ihn im Paradies sehen werden, wenn wir Ihn nicht einmal auf der Erde sehen können, können wir wie folgt antworten: Die Voraussetzungen, die für die Sichtung irdischer Geschöpfe nötig sind, gelten nicht im Paradies. Das Paradies unterliegt eigenen Schöpfungsbedingungen. Außerdem wird der menschliche Körper entsprechend dem Paradies erneut erschaffen; seine Fähigkeiten und Eigenschaften werden sich von denen auf der Erde unterscheiden. Es ist nicht schwierig für unseren Schöpfer, Der unendliche Macht besitzt, unsere Augen mit der Fähigkeit zu erschaffen, Ihn zu sehen.[22]

Warum hält sich Allah so geheimnisvoll, wenn Er doch erkannt werden will?

Es ist eine Angelegenheit des Glaubens, dass wir auf dieser Welt die Existenz Allahs nicht in Seiner Person/Gestalt sehen können. Es steht außer Frage und ist allgemein bekannt,

---

19 Al-Qiyamah 75/22-23.
20 *Hadith*/ plural: *Ahadithe*: die Aussprüche unseres Propheten (saw.).
21 Buhârî, Tevhîd, 24; Müslim, Îmân, 299, Zühd, 16.
22 Temel Yeşilyurt, "Rü'yetullah", *DİA*, c. 35, s. 312-314.

dass es unmöglich ist, nicht an einen Schöpfer zu glauben, Dessen Existenz in allen seinen Werken offensichtlich ist. Aus diesem Grund hat Allah Seine „Person" außerhalb unserer, mit unseren Augen erfassbarer, Wahrnehmung gehalten. Nicht nur Seine *Zat/Dhat* (die Person Allahs) ist für die Gläubigen verborgen und unsichtbar, sondern auch die Engel, das Jenseits, das Paradies und die Hölle, welche die Grundlagen des Glaubens bilden. Das Verborgene (*Ghayb*) ist jede Existenz, die mit den Sinnen nicht wahrgenommen werden kann und für die Augen nicht sichtbar ist.[23] Der Glaube an das *Ghayb* ist eines der Eigenschaften der Gläubigen, die im heiligen Qur´an in den ersten Versen der Sure al-Baqara, die nach der Sure al-Fatiha kommt, beschrieben werden. Allah verkündet, dass vor allem die Gläubigen, die an das Verborgene glauben, beten, spenden, und fromm sind, letztendlich erlöst werden.[24]

Wenn wir es in diesem allgemeinen Rahmen betrachten, ist das Sich-Verbergen Allahs auf dieser Erde eine Notwendigkeit der Prüfung. Es wäre keine Glaubenssache mehr an einen Schöpfer zu glauben, wenn dessen Existenz und Seine „Person" offensichtlich sichtbar wären. Die Menschen hätten so keine andere Wahl als an die Existenz Allahs zu glauben. Allah offenbart im heiligen Qur´an, dass Er für jene, die nach Ihm suchen, offenkundig sichtbar, aber gleichzeitig auch verborgen ist.

„Er ist der Erste und der Letzte, der Sichtbare und der Verborgene. Und Er kennt alle Dinge."[25] Für diejenigen, die Seine Exis-

---

23 İlyas Çelebi, "Gayb", DİA, c. 13, s. 404.
24 Al-Baqara, 2/3-5.
25 Al-Hadid, 57/3.

tenz sehen wollen, macht Er sich sowohl in der Außenwelt als auch in ihrem individuellen Leben intensiv bemerkbar.[26]

Was bedeutete: „Allah ist überall"?

Obwohl wir die Existenz Allahs mit unserem Verstand erkennen können, können wir nicht erfassen, um welche Art der Existenz es sich bei Ihm handelt. Unser Schöpfer stellt sich uns mit bestimmten Eigenschaften und Metaphern vor. Eines dieser Eigenschaften ist, dass Allah über Zeit und Ort/Raum erhaben ist; mit anderen Worten, dass Er überall und jederzeit gegenwärtig ist und schon vor der Existenz der Zeit und des Raums zugegen war. Denn der Raum wurde von Allah erschaffen. Es ist nicht möglich, dass etwas Erschaffenes Allah begrenzen kann, wenn Er diesen doch selbst erschaffen hat. An einem Ort zu sein bedeutet, im Grunde eingeschränkt zu sein. Bezüglich Allah kann von solch einer Einschränkung nicht die Rede sein.

Was bedeutet: „Moscheen sind Häuser Allahs", wenn Er doch keinem Ort zugewiesen werden kann?

Es ist kein Widerspruch, dass Allah keinem Ort zugewiesen werden kann, jedoch Moscheen und die Kaaba Seine Häuser sind. Der Raum wurde von Allah erschaffen und es ist nicht möglich, dass das Geschöpf seinen Schöpfer vereinnahmt, über Ihn herrscht und/oder Ihn beschränkt. Allah ist der Herrscher über jeden Ort und aus diesem Grunde ist Er überall zugegen. Die Moscheen und die Kaaba sind nur

....
26 Al-Fussilat, 41/53.

besondere Orte, an denen wir unseren Schöpfer gedenken, uns an Ihn erinnern und Gebete/Gottesdienste verrichten. Das heißt aber nicht, dass Allah an diesen „Orten" ist.

Wie existiert Allah, wenn Er nicht erschaffen wurde?

Allah ist der Schöpfer allen Daseins. Es ist undenkbar, dass der Schöpfer eines anderen Schöpfers bedarf. Im heiligen Qur´an heißt es: *„Sprich: ‚Er ist der Eine Gott, Allah, der Absolute. Er zeugt nicht und wurde nicht gezeugt, und es gibt keinen, der Ihm gleicht.'"*[27] Die Bedeutung des Wortes „Samed", das in dieser Sure vorkommt, ist, dass Allah, was Seine Existenz angeht, nichts und niemanden bedarf, aber jede Existenz und deren Fortbestehen von Ihm abhängig ist. Seine Existenz hat keinen Ursprung und kein Ende. Die Existenz unseres Schöpfers ist durch Ihn selbst. Die „Dhat/Zat – die Person" unseres Schöpfers ist mit den Sinnen nicht erfassbar, da Er keine materielle Existenz ist. Daher wird der Versuch, Seine Existenz mit wissenschaftlichen Methoden zu erklären, uns nicht zu einer richtigen Lösung führen.

Unsere Sinne bieten unserem Herz und unserem Verstand Informationen/Material, um unseren Schöpfer kennenzulernen. Dieses Material ist jedes einzelne Geschöpf. Die große Harmonie und Ordnung, die Veränderung und Transformation aller Geschöpfe im Universum ist ein Beweis dafür, dass ein Schöpfer existiert. Auch wenn wir Allah nicht mit unseren Augen sehen können, so können wir Seine Existenz mit unserem Verstand erkennen und Ihn in unserem Herzen fühlen.

---

27 Al-Ihlas, 112/1-4.

Wie ist die Erläuterung des *Tawhid*-Grundsatzes?

Das Fundament des Islams basiert auf dem Grundsatz des *Tawhids* (absoluter Monotheismus), das heißt im Glauben an die Einheit/Eins-Sein und Einzigartigkeit Allahs. Dieser Grundsatz wird im „*Kelimatu´t-Tawhid*" und in „*Kelima-i Schahadah*" (Formeln des Glaubensbekenntnisses) zusammengefasst. Die Bedeutung des *Kelimatu´t-Tawhid*: *„La ilaha illallah Muhammadun Rasulallah",* ist: *„Es gibt keinen Gott außer Allah und Muhammed (saw.) ist Sein Gesandter."* Die Bedeutung der *Kelima-i Schahadah*: *„Asch-hadu an la-ilaha-illallah wa asch-hadu anna Muhammedan Abduhu wa Rasuluhu",* ist: *„Ich bezeuge, dass es keinen Gott außer Allah gibt und ich bezeuge, dass Muhammed (saw.) der Gesandte Allahs ist."*

Der Grundsatz des *Tawhids* ist, dass Allah in Seiner (*Dhat/Zat*) Person/Wesen, Seinen Eigenschaften und Fähigkeiten einzigartig ist. Dass Allah in Seiner Person/Wesen einzig und einzigartig ist bedeutet, dass Ihm nichts und niemand gleicht, Ihm nichts ähnlich ist und Er keine Gleichgesinnte oder Rivalen hat. Dass Allah einzig und einzigartig in Seinen Eigenschaften ist, bedeutet, dass sonst niemand Seine Besonderheiten besitzt.

Zum Beispiel, die Tatsache, dass die Eigenschaft Allahs „lebendig zu sein", nicht mit derselben Eigenschaft der Lebewesen vergleichbar ist. Das Lebendig-Sein Allahs ist ohne, dass irgendjemand Ihm dieses gewährt, es keinen Anfang und kein Ende hat und Er keine Voraussetzungen, wie das Atmen oder Ähnliches braucht usw. Es gibt aber auch einige Eigenschaften, die nur Allah besitzt, wie aus dem Nichts zu erschaffen, keinen Anfang und kein Ende zu haben, von nichts abhängig zu sein, jedoch alle Existenzen von Ihm abhängig sind. Dass Allah einzig und einzigartig in Seinen Taten ist, bedeutet, dass Er das Dasein aus dem Nichts erschaffen hat und die Kontrolle nur bei Ihm liegt.[28]

Es verstößt gegen das Prinzip des *Tawhids*, andere Götter als Allah anzunehmen, andere als Allah anzubeten, andere als Gottheiten zu verehren, oder zu glauben, dass jemand anderes als Allah die Zukunft kennt und so anderen Wesen denselben Respekt entgegenzubringen.

Worin liegt die Wichtigkeit des *Tawhids* (absoluter Monotheismus) in unserem Leben?

Der Ausdruck des *Tawhid-Satzes*: „La ilaha illallah, Muhammeden Rasulallah", fasst das Prinzip des Tawhids zusammen, welches die Grundlage des Islams bildet. Allah sandte allen Gesellschaften Propheten, damit sie die Bedeutung des *Tawhids* (absoluter Monotheismus) an die Menschen weitergeben. Diese Tatsache wird im heiligen Qur´an wie folgt verkündet: „*Und Wir entsandten vor dir keinen Gesandten, dem Wir nicht offenbart hätten: ‚Es gibt keinen Gott außer Mir, so dient Mir alleine.'*"[29]

Derjenige, der den Satz des *Tawhids* mit aufrichtigem Glauben und dem Bekenntnis der Bedeutung aufsagt, wird ein Muslim, weil dieser Satz die wesentlichen Prinzipien des Glaubens umfasst. Der Glaube an Allah und an die Propheten steht wortwörtlich in dem Satz des *Tawhids*, während

---

28 Für weitere Information über den Grundsatz des Tawhids, siehe auch: „Şaban Ali Düzgün, " "Kur'ân'ın Tevhid Felsefesi/Die Philosophie des Tawhids im Qur´an", *Kelam Araştırmaları*, 3:1 (2005), s. 3-21.
29 Al-Anbiya, 21/25.

der Glaube an die Engel, an die Bücher, an das Jenseits und an das Schicksal von der Bedeutung des *Tawhid*-Satzes umfasst wird. Da derjenige, der an die Existenz und Einheit/ Eins-Sein Allahs und die Seinerseits gesandten Propheten glaubt, zeitgleich auch die anderen Grundsätze/Inhalte des Glaubens akzeptieren wird, welche die Propheten verkündet haben.[30]

Demgemäß beinhaltet der Satz des *Tawhids* die wichtigsten Informationen, worüber unser Schöpfer möchte, dass alle Menschen darüber Bescheid wissen. Der Grund für die Erschaffung des Daseins liegt darin, dass der Satz „*La ilaha illallah*" verkündet und sein Inhalt von den Menschen befolgt werden soll. Aber der aufrichtige Glaube entsteht nicht nur durch die Bestätigung der Existenz und der Kontrolle eines Gottes. Der Glaube vervollständigt sich erst, wenn die Sendung unseres Propheten Muhammed (saw.) bestätigt wird.[31]

Derjenige, der an den Satz des *Tawhids* aufrichtig glaubt und ihn aufsagt, richtet sich und seine Aufmerksamkeit vollständig auf Allah und ergibt sich Ihm. Er bekundet, Allahs Weg zu folgen und Ihm in bester Weise zu dienen.

Ist es möglich, dass es mehrere Götter gibt?

Unser Schöpfer gebietet im heiligen Qur´an Folgendes: „*Gäbe es auf der Erde und im Himmel mehrere Götter neben Allah, so würde die Ordnung gewiss zugrunde gehen.*"[32] Wenn wir uns die Bedeutung dieses Verses genauer anschauen, dann

---

30 Kommission, *İlmihal*, TDV Yay., Ankara, 2006, c. 1, s. 70.
31 Ebû Hâmid Muhammed b. Muhammed el-Gazzâlî, *İhyâ*, Cümle Yay., İstanbul, 1989, c. 1, s. 229.
32 Al-Anbiya, 21/22.

werden wir schnell merken, dass es offensichtlich unmöglich ist, dass es im Dasein nicht mehr als ein Schöpfer und Herrscher/Kontrolleur geben kann. Die gegenwärtige Ordnung im Dasein würde nicht existieren, wenn neben Allah weitere Götter existieren würden. Da es zu Widersprüchlichkeiten zwischen den Göttern bezüglich der Erschaffung, der Führung und der Überlegenheit kommen würde.

In solch einer Situation könnte weder die Ordnung auf dieser Welt noch die Welt an sich existieren. Wenn diese Welt existiert und in ihr eine Ordnung vorherrscht, so ist es wegen der Existenz eines einzigen Gottes.[33]

Angenommen es gäben zwei oder mehrere Götter im Universum: In solch einer Situation verliert jeder Gott die Eigenschaft, vollständig zu herrschen und perfekt zu sein; wodoch ein Wesen mit Mängeln/Unzulänglichkeit kein Gott sein kann. Die Behauptung, es würden mehrere Götter im Dasein existieren, ist genauso widersprüchlich, als würde man über ein Dreieck mit vier Ecken sprechen. Es gibt nur einen Gott. Wenn er nicht einzig ist, dann ist er kein Gott. Wenn der Schöpfer allen Daseins fern von jedem Makel, perfekt und allmächtig sein soll, so muss er einzig sein.

Andernfalls, d.h. falls es mehrere Götter geben sollte, dann würde der Göttlichkeit untragbarer Zustand auftreten, dass ein Gott aufgrund seiner Schwächen andere Götter bedarf.[34]

Kurz gesagt, es ist logischerweise unmöglich, dass neben Allah andere Götter existieren - sei es unabhängige oder ko-

---

33 Komisyon, *Kur'an Yolu Türkçe Meal ve Tefsir*, Diyanet İşleri Başkanlığı Yay., Ankara, 2017, c. 3, s. 672.
34 Recep Ardoğan, Sistematik Kelam ve Güncel İnanç Sorunları *(Systematische Rede und aktuelle Glaubensfragen)*, Klm Yay., İstanbul, 2018, s. 53

existierende Götter. Auch unser heiliges Buch, der Qur´an, lehnt vehement die Existenz eines weiteren Gottes neben Allah ab.[35]

Welche Unterschiede gibt es zwischen dem Glauben an Allah im Islam und dem Glauben an Allah in anderen Religionen❓

Da der Glaube an einen Gott eine natürliche Veranlagung (*Fitrah*) der Menschen ist, zeigt sich das Bedürfnis, an ein hohes Wesen zu glauben und Schutz bei ihm zu suchen, seit dem ersten Menschen auf unterschiedliche Weise

Allah Ta´ala hielt diesbezüglich Seine Hilfe nicht zurück und lehrte die Menschheit, durch Offenbarungen und Propheten, wie sie glauben sollen. Er sandte im Laufe der Menschheitsgeschichte unzählige Propheten, die zum einen den richtigen Weg zeigten und zum anderen die zeitweise entstandenen Glaubensfehler und ihre Auswirkungen auf die Gesellschaft korrigierten.

Islam ist die Religion, die Allah Ta´ala seit dem ersten Propheten Adam (as.) bis zum letzten Propheten, Muhammed (saw.) als Religion gesandt hat. Gemäß dem Islam ist Allah der einzige Schöpfer, Dem nichts und niemand gleicht, Der von allen vergänglichen Eigenschaften wie Kinder zu haben, sich zu irren, zu vergessen fern ist und dem generell keine mangelnden Eigenschaften angelastet werden dürfen, Der nur höchste Eigenschaften besitzt, wie absolut allwissend,

---

35 Al-i Imran, 3/2; Anbiya, 21/22.

allhörend und allmächtig zu sein. Der Einzige, Dem die Anbetung gebührt, ist Allah; da Er alles erschaffen und kreiert hat.

Obwohl das Christentum und das Judentum im Grunde auf göttliche Offenbarungen basieren, entstanden im Laufe der Zeit Verzerrungen und Abweichungen.

Allah Ta´ala offenbart bezüglich der Glaubensverzerrung an Ihn im Christentum und Judentum Folgendes: *„Und die Juden sagen: ‚Esra ist Allahs Sohn.' Und die Christen sagen: ‚Der Messias ist Allahs Sohn.' So spricht ihr Mund. Sie führen eine ähnliche Rede wie die Ungläubigen vor ihnen. Allahs Fluch über sie! Wie sind sie doch völlig ohne Verstand (der Wahrheit gegenüber)! Sie nehmen ihre Rabbiner und Mönche und den Messias, Sohn der Maria, neben Allah als Herren an, obwohl ihnen doch allein geboten war, dem einzigen Gott zu dienen, außer Dem es keinen Gott gibt. Preis sei Ihm! Erhaben ist Er über das, was sie neben Ihm verehren."*[36]

Unser Schöpfer bereinigt mit diesen Versen den verzerrten Verstand, indem Er auf die Verleumdungen der Christen und Juden antwortet. Auf der anderen Seite drückt Er aus, dass der übermäßige Respekt vor Jesus und den Rabbinern, welche nur Diener Allahs sind, eigentlich Ihm gebührt. Aus diesem Grund betont unser Schöpfer, dass es keine Gottheit außer Ihm gibt und korrigiert gleichzeitig den falschen Glauben gegenüber Ihm.

Der Glaube an den einen und einzigen Gott – Allah – im Islam, im Vergleich zu dem Glauben an die „Dreieinigkeit" im Christentum, welche „die Wesenseinheit Gottes in drei Personen" darstellt, ist der grundlegendste Unterschied, was

---

36 Tawba, 9/30-31.

die Gottesvorstellung/Gotteserkenntnis betrifft. Der erste Bestandteil der Dreieinigkeit ist der Vater, der das Universum erschaffen hat. Sein Sohn ist seine Fleischwerdung, der sich am Kreuz opferte, um die Menschheit von der Erbsünde zu erlösen. Der Heilige Geist dagegen bringt die göttliche Liebe in das Herz der Menschen.[37]

Allah Ta´ala offenbart im heiligen Qur´an in Bezug auf den vergeblichen Glauben an die Dreieinigkeit im Christentum Folgendes: *„Ungläubig sind fürwahr, die da sprechen: ‚Siehe, Allah ist ein Dritter von Dreien.' Es gibt doch keinen Gott außer dem einzigen Gott. Wenn sie von ihrer Behauptung nicht ablassen, dann ereilt die Ungläubigen unter ihnen gewiss schmerzliche Strafe."*[38] Wie aus dem Vers hervorgeht, wurde der Glaube an die Dreifaltigkeit nicht von Jesus (as.) gelehrt, sondern im Nachhinein von den Christen selbst erfunden. Im islamischen Glauben hat Allah keine Kinder und der als „Heilige Geist" bezeichnete Gabriel (as.) ist nur ein Engel. Jesus (as.) ist ein Diener und Gesandter Allahs, der keinerlei göttliche Eigenschaften besitzt. Weder Jesus noch der Heilige Geist haben mit Allah Ta´ala in keinerlei Hinsicht Gemeinsamkeiten.

Der grundlegende Unterschied zwischen dem Islam und den polytheistischen Religionen bezüglich des Glaubens an Allah, liegt in der Betonung des Einzig-Seins und der Einzigartigkeit Allahs. Während Allah Ta´ala sich im heiligen Qur´an vorstellt, betont Er Seine Eigenschaften und vor allem, dass es keine Gottheit außer Ihm gibt und regt damit die Menschen zum Nachdenken an. Eines der Verse im Hinblick auf dieses Thema ist der Folgende: *„Allah hat*

---

37 *Yaşayan Dünya Dinleri*, ed: Şinasi Gündüz, DİB Yay., Ankara, 2016, s. 95.
38 Al-Maida, 5/73. Auch siehe an-Nisa, 4/171.

Sich keine Kinder zugelegt, und es gibt keinen Gott neben Ihm. Sonst hätte jeder Gott für sich beansprucht, was er erschaffen hatte, und einer hätte sich über den anderen erhoben. Und hocherhaben ist Er über das, was sie (Ihm) zur Seite stellen.

Allah kennt sowohl das Verborgene als auch das Offensichtliche. Er ist weit entfernt von dem, was Heiden Ihm beigesellen."[39]

Er lehnt alle Überzeugungen ab, die Seine Einheit ablehnen und Ihm Partner in verschiedenen Erscheinungsformen beigesellen.

Schließlich ist der Hauptunterschied zwischen dem Islam und dem Gottesglauben in anderen Religionen die Einheit und Einzigartigkeit Allahs.

Können Menschen, die in anderen Religionen und Kulturen aufgewachsen sind, von der Existenz Allahs überzeugt werden?

Der Glaube an Allah existiert beim Menschen schon seit seiner Erschaffung; er liegt in der Beschaffenheit des (*Fitrah*) Menschen. Über *Fitrah* gibt es unterschiedliche Definitionen.[40] Aus der folgenden Aussage des Propheten (saw.): „Jedes Neugeborene wird nach der natürlichen Veranlagung (*Fitrah*) geboren. Seine Mutter und sein Vater macht es im Nachhinein zum Juden, Christen oder zum Feueranbeter/Parsen"[41], kann aus der Bedeutung der *Fitrah* entnommen werden, dass „Allah in der ursprünglichen Schöpfung des Men-

---

39 Al-Mu´minun, 23/91-92.
40 Hayati Hökelekli, "Fıtrat", *DİA*, c. 13, s. 47-48.
41 Buhârî, Tefsîr, (Rûm) 2; Müslim, Kader, 22.

schen, der menschlichen Natur die Beschaffenheit/Fähigkeit verliehen hat, den Schöpfer zu erkennen, sowie eine reine Seele und weitere positive Eigenschaften und Fähigkeiten."[42]

Kurz gesagt bedeutet die natürliche Veranlagung (*Fitrah*), dass „der Mensch mit der Beschaffenheit erschaffen wurde, die Wahrheit zu akzeptieren."

Es ist irrelevant, von welcher Religion und von welchem Glauben der Mensch umgeben ist. Aufgrund der Tatsache, dass der Glaube an Allah inhärent/natürlich veranlagt ist, ist es egal, welcher Religion und welchem Glauben ein Mensch angehört; er kann die Existenz Allahs durch seinen „*Aql al-Selim*" d.h. mit seinem im Wesen/Ursprung bewahrten Verstand, erkennen. In dieser Hinsicht wurden einige Beweise sowohl in der islamischen Theologie der Glaubensgrundsätze (*Aqaid*) als auch in der islamischen Philosophie vorgelegt, und diese wurden in den Quellen „als rationale Rechtfertigungen für die Existenz Allahs, basierend auf Logik" aufgeführt. Zum Beispiel der logische Beweis des „*Nizams*/Ordnung", in der jeder Mensch mit einem gesunden Menschenverstand beim Anblick eines überwältigenden Ölgemäldes an einen meisterhaften Maler denkt und akzeptiert, dass er das Gemälde gemalt hat. Hier führt die perfekte Ordnung im Universum (*Makrobereich*) und im Menschen (*Mikrobereich*) zu einem Schöpfer, also zu Allah, Der diese Ordnung erschaffen hat und aufrechterhält.

Derjenige, der entweder in einem jüdischen oder in einem christlichen Glauben, das heißt, in einer Religion himmlischen Ursprungs lebt (sei es in der Vergangenheit oder in der Gegenwart), der wird die Existenz Allahs begreifen.

---

42 Hayati Hökelekli, "Fıtrat", *DİA*, c. 13, s. 47.

Wenn auch in unterschiedlicher Weise, all diese Religionen beinhalten den Glauben an Allah. Andere religiöse Systeme haben anderweitige Ansichten bezüglich Allahs/eines Schöpfers. Deswegen müssen diejenigen, die sich mit diesen Glaubenssystemen identifizieren individuelle Bemühungen leisten, um die Existenz Allahs zu erfassen.

Welche Kritik bringen Gottesleugner gegen den Glauben an Allah vor?

Genauso, wie seit der Vergangenheit bis zur Gegenwart die heidnischen Glauben weit verbreitet waren, entstanden gleichwohl auch Strömungen, die den Glauben an Allah komplett ablehnen; auch wenn diese im Vergleich zum Ersteren nicht so weit verbreitet sind. Die am meisten vertretenen Strömungen, die einen Gott leugnen, sind in unserem Zeitalter unter anderem der Atheismus, Deismus, Agnostizismus, Positivismus, Materialismus, Nihilismus, Evolutionismus und die Freud'sche Psychoanalyse.[43]

Während der Atheismus einen Schöpfer komplett ablehnt, akzeptiert der Deismus einen Schöpfer, der aber nicht durch Propheten und Bücher in das Leben seiner Geschöpfe eingreift. Der Agnostizismus dagegen behauptet, dass die Existenz oder die Abwesenheit eines Gottes für den Menschen ungewiss ist. Der Positivismus akzeptiert als Informationsquelle nur Experimente und Erfahrungen und lehnt damit die Existenz eines Gottes ab, da Gott nicht im Bereich des Experimentierens und Beobachtens ist. Diejenigen, die den Materialismus vertreten, akzeptieren nur die Materie und

---

43 Weitere Informationen hierzu finden Sie unter: Temel Yeşilyurt, Temel Yeşilyurt, Çağdaş İnanç Problemleri, DİB Yay., Ankara, 2018.

lehnen anderweitige Gegebenheiten ab. Das Zentrum ihrer Ansicht bildet die Materie. Deswegen beinhaltet der Materialismus keinen Glauben an einen Schöpfer.

Der Nihilismus, also die Werteverneinung, ist misstrauisch und kritisch gegenüber den bestehenden Ansichten, den Werten und Religionen, somit auch gegenüber dem Gedanken an einem Schöpfer und seinen Regeln. Der Evolutionismus vertritt die Ansicht, dass sich alles von niederen zu höheren Formen entwickelt und dies zufällig geschieht. Damit wird die Schöpfungsgeschichte der himmlischen Religionen abgelehnt. Wobei die Ansicht, dass alles zufällig entsteht, auch einen Schöpfer ausschließt.

Die von Sigmund Freud entwickelte Psychoanalyse vertritt die Ansicht, dass die Sexualität und die Angst im Unterbewusstsein das Verhalten der Menschen leiten. Der Glaube an Gott entsteht daher durch den Druck beider Gefühle. Dieser Glaube, welches durch jenen internen Konflikt entsteht, entspricht nicht der Wahrheit und ist eine krankhafte Situation.

Wenn wir uns die erwähnten Strömungen anschauen, sehen wir, dass sie alle als einen gemeinsamen Nenner gegen die Autorität Allahs Position beziehen. Keine dieser Strömungen vertritt die Ansicht, von Allah abhängig zu sein und eine Verantwortung Ihm gegenüber zu haben. Sowie sie den Horizont der Menschen begrenzen, indem sie sich nur auf das irdische Dasein konzentrieren, so erfüllen sie auch keine Funktion, um diesem Leben einen Sinn zu verleihen. Obwohl doch Allah sowohl durch die Wahrheiten, die Er mittels Propheten und Bücher an die Menschheit gesandt hat, Seinen Dienern eine Umgebung erschaffen hat, in der sie sich mental sicher fühlen und überzeugende Antworten auf ihre Fragen erhalten können, als auch durch die

Existenz des Jenseits ihrem Leben einen Sinn verleihen, wodurch sie ihren Horizont erweitern und sich noch größere Ziele setzen können.

Die besagten Strömungen können mit ihren Informationsquellen weder die Abwesenheit Allahs beweisen noch der Welt ihrerseits die Bedeutung und das Wertesystem anbieten, die Allah den Menschen anbietet.

Was ist der Deismus?

Der Deismus wird folgendermaßen beschrieben: *„Es ist eine philosophische Schule, die jegliche Offenbarung, Eingebung und damit auch Allah – Der durch die Offenbarungen verkündet wird – die Religion und die Akzeptanz leugnet und nur die Existenz eines Gottes akzeptiert, der durch die Vernunft anerkannt wird; der ebenso die Vermenschlichung Gottes und die Dreieinigkeit (die dreifaltige Gottesvorstellung) leugnet."*[44]

Der Deismus ist eine philosophische Denkweise, die an einem Ort in Europa, wo das Christentum weit verbreitet war, als Reaktion gegen die Kirche entstanden ist. Aus diesem Grund ist die Kritik, die sie gegen die Propheten und gegen die heiligen Bücher äußern, nicht wirklich unabhängig von der Haltung der Kirche. Darüber hinaus scheint es nicht möglich zu sein, von einem einheitlichen Deismus zu sprechen. Genauso wie es Deisten gibt, welche die Existenz eines Gottes akzeptieren, der das Universum in perfekter Weise erschaffen, aber keine Verbindung zum Universum hat, so gibt es auch Deisten, die daran glauben, dass Gott sich um

---

44 Süleyman Hayri Bolay, Felsefe Doktrinleri ve Terimleri Sözlüğü, Ankara, 2004, s. 204.

das Universum kümmert, aber keinen Einfluss auf die moralische Ebene nimmt.

Es gibt auch Deisten, die an die moralischen Attribute Gottes glauben, aber annehmen, dass diese keine Funktion zwischen Gott und den Menschen haben. Einige Deisten dagegen sind der Überzeugung, dass die religiösen Tatsachen zwar existieren, aber diese „mit dem Verstand gefiltert" werden müssen.[45]

Der Deismus verteidigt das „natürliche Verständnis der Religion."[46] Er kritisiert die institutionellen Religionen dafür, dass sie durch Glaubensdiskussionen die Menschen spalten und ihnen die Fähigkeit nehmen, ihren Verstand zu nutzen, welcher den Menschen eigentlich zum Menschen macht. Im Deismus wird mehr Wert auf den Verstand gelegt und das Prinzip der Belohnung und Bestrafung kritisiert.[47]

Der Verstand und das Gewissen haben natürlich eine wichtige Rolle im Leben der Menschen. Dennoch sehen wir im Deismus, dass beidem mehr Wert beigemessen wird, als sie eigentlich verdienen. Ein Mensch hat auch eine Seite, die aus persönlichen Wünschen und Bedürfnissen besteht. Im sozialen Leben sehen wir oft, dass das Gewissen unterdrückt werden muss, damit die Bedürfnisse erfüllt werden können, und dass der Verstand hierbei eine legitimierende Funktion übernimmt.

Die Ansicht, dass Gott als Schöpfer keinen Einfluss auf seine Geschöpfe hat, bedeutet, die Eigenschaften Weisheit, Ge-

---

[45] Şaban Ali Düzgün, "Deizm: Öncü İsimler ve Temel Doktrin", Din Karşıtı Çağdaş Akımlar ve Deizm, Van, 2017, s. 3-13.
[46] Süleyman Hayri Bolay, Felsefe Doktrinleri ve Terimleri Sözlüğü, s. 204.
[47] Şaban Ali Düzgün, "Deizm: Öncü İsimler ve Temel Doktrin", s. 3-13.

rechtigkeit und Barmherzigkeit Allahs auszuschließen. Die Ablehnung der Wegweisung Allahs, durch die Propheten und Bücher, entsagt und beraubt die Menschen des großen Segens. Der menschliche Verstand ist nicht perfekt, er kann Fehler machen und sich irren. Wohingegen es nicht möglich ist, dass Allah, Der alles kennt und sieht, Fehler macht. Deshalb wird sich der Mensch sicher fühlen, wenn er sich anstelle seines Verstands Allah hingibt. Andererseits hat der Deismus nicht einmal eine Antwort auf die Frage, was der Sinn und Zweck des menschlichen Lebens ist, und ist auch nicht in der Lage den Menschen große Ideale anzubieten. Da der Deismus den Glauben an das Jenseits ablehnt, beschränkt er das menschliche Leben nur auf das irdische und schränkt so den Horizont des Menschen ein.

Wir Muslime glauben an den einen und einzigen Allah, Der das Dasein perfekt erschaffen hat und weiterhin jederzeit erschafft. Unser Schöpfer, Der Weisheit besitzt, hat uns aus einem bestimmten Grund auf die Welt geschickt und diesen Zweck vermittelte Er uns durch seine Propheten und durch Seine heiligen Bücher. Er wählte seine Propheten unter den vertrauenswürdigen Menschen aus und lehrte uns mittels dieser Propheten, wie wir unser Leben auf der Welt führen sollen, um das Ziel zu erreichen. Wenn wir uns das Leben der Propheten anschauen, dann sehen wir, dass sie uns aufriefen, an die Einheit Allahs zu glauben und dementsprechend auch tugendhaft zu leben.

Gleichzeitig waren die Propheten auch die ersten Praktizierenden der Wahrheiten/der Tatsachen, die sie vermittelten. Deshalb haben wir Muslime eine Menge Gründe, den Propheten zu vertrauen. Die Informationsquellen der deistischen Philosophie reichen nicht aus, um die Vertrauenswürdigkeit der Propheten und der heiligen Bücher in Frage zu stellen.

Warum hat Allah das Universum und die Menschen erschaffen?

Es gibt eine wechselseitige Antwort auf diese Frage, wobei die eine Seite an Allah und die andere an die Menschen gerichtet ist. Wenn wir an unseren Schöpfer denken, können wir Folgendes sagen: Allah hat keinen Seiner Eigenschaften im Nachhinein erlangt. Seine gesamten Eigenschaften und Attribute existierten bereits mit Ihm und werden auch weiterhin existieren. Eines Seiner Attribute ist *„al-Haliq"* (der Schöpfer/Erschaffer). Allah ist der Schöpfer und gemäß diesem Attribut hat Er das Universum und die Menschen erschaffen. Man kann einem Schöpfer, Der etwas aus dem Nichts erschaffen hat nicht die Frage stellen: „Warum hast du es erschaffen?" Es wäre genauso, als würde man die Sonne fragen, warum sie Licht besitzt. Die Sonne ist ein Geschöpf, das alles erleuchtet, deshalb besitzt sie Licht.

Ein Künstler kreiert aufgrund seiner künstlerischen Eigenschaften Kunstwerke und wird durch die Veröffentlichung seiner Kunst zum Künstler ernannt. Ihn kann man nicht fragen, warum er ein Künstler ist und Kunstwerke hervorbringt. Der Mensch ist eine Existenz, die einen Verstand besitzt und nachdenken kann. Daher kann er sich Gedanken über irgendeinen Planeten machen. Wenn er nachdenkt, dann kann man ihn nicht fragen, warum er sich Gedanken über Planeten macht. Wenn er nachdenken möchte, dann denkt er eben nach. Wenn er jedoch nicht nachdenkt, vernichtet dies nicht seine Fähigkeit, ein denkendes Wesen zu sein. So hat Allah als Schöpfer das Universum und die Menschen erschaffen, als Resultat Seines unabdingbaren Attributs ein Erschaffer zu sein. Auch wenn Er nichts erschaffen wollte, so würde dies Seine Fähigkeit, ein Schöpfer zu sein, nicht im Geringsten mindern.

Ein weiteres Attribut unseres Schöpfers ist „ar-Rahman", d.h. „derjenige, der Barmherzigkeit und Nächstenliebe zwischen seinen Geschöpfen bevorzugt". Als Ergebnis seiner unbegrenzten Barmherzigkeit hat Allah den Menschen erschaffen. Existieren zu dürfen ist ein Segen. Wenn die Menschen auf der Welt gefragt werden, so würden fast alle existieren wollen, anstatt nichtexistent zu sein. Unser Schöpfer hat den Menschen geehrt und wertgeschätzt, indem Er ihn ins Dasein rief. Es ist die Manifestation Seiner Barmherzigkeit.

Wenn wir es aus der menschlichen Perspektive betrachten, so ist der Mensch, gemäß dem heiligen Qur´an, als ein *Kalif* (Statthalter/Sachwalter) Allahs auf der Erde erschaffen worden. [48]

Wir können es so verstehen, dass der Mensch als ein *Kalif* auf Erden, gemäß dem Willen und Anweisungen Allahs, in Seinem Eigentum lebt. Unser Schöpfer offenbart, dass Er niemandem mehr Verantwortung überträgt, als er tragen kann.[49] Der Mensch ist erschaffen worden, um das „*Amanah*" (Anvertraute) zu bewahren, das heißt, er trägt die Verantwortung, mit seinem Verstand und Willen die Ordnung Allahs auf der Erde aufrechtzuerhalten.[50] Ihm wurde die Aufgabe erteilt, den Willen Allahs auf der Erde zu verwirklichen, und er wurde in der Kategorie der Existenzen den anderen Geschöpfen übergeordnet: *„Und wahrlich, Wir ehrten die Kinder Adams. Und trugen sie über Land und See. Und versorgten sie*

---

48 Al-Baqara, 2/30.
49 Al-Baqara, 2/286.
50 Al-Ahzab, 33/72.

mit guten Dingen und bevorteilten sie gegenüber den meisten Unserer Geschöpfe."[51]

Unser Schöpfer hat den Menschen, der Willenskraft besitzt, von anderen Geschöpfen hervorgehoben. Während andere Geschöpfe, außer die Menschen und die Dschinn, schon in ihrer Erschaffung Allah verherrlichen, wurde den Menschen die Entscheidungsfreiheit gewährt; sie sollen aus freiem Willen Allah erkennen und Ihm dienen. Denn der Mensch wurde erschaffen, um Allah zu erkennen, kennenzulernen und Ihm zu dienen. Allah offenbart deutlich im heiligen Qur´an, dass Er die Menschen und die Dschinn erschaffen hat, damit sie Ihm dienen.[52] Allahs Diener zu sein umfasst auch die Bemühungen, die nötig sind, um Ihn zu erkennen und kennenzulernen. Deswegen handelt ein Mensch, der sich nicht bemüht und ein gegensätzliches Leben führt, widersprüchlich zu seinem Schöpfungszweck. Deshalb erlebt er innere Unruhen, wobei ihm die anderen Optionen keine Befriedigung verschaffen.

In einem anderen Vers gebietet unser Schöpfer, dass Er das Leben und den Tod erschaffen hat, um zu prüfen, welche der Menschen sich besser verhalten werden.[53] Das heißt, die Menschen wurden erschaffen, um geprüft zu werden.

Infolgedessen wird die Schöpfung im heiligen Qur´an mit einem Zweck und einer Bedeutung versehen: Unser Schöpfer erklärt, dass Er das Universum und die Menschen nicht sinnfrei und ohne einen Grund erschaffen hat,[54] oder um sie völlig auf sich allein gestellt zu lassen, sondern sie für

---

51 Al-Isra, 17/70.
52 Az-Zariyat, 51/56.
53 Al Mulk, 67/2.
54 Ad-Duhan, 44/38-39; Siehe auch al-Anbiya, 21/16.

einen Zweck und im Rahmen einer Bedeutung ins Dasein gerufen hat.[55]

Warum macht mich Allah verantwortlich, obwohl Er mich beim Erschaffen nicht gefragt hat?

Das Dasein ist ein Segen. Allah ehrte den Menschen, indem Er ihn erschuf. Außerdem gab Er dem Menschen einen Verstand und den freien Willen, und infolgedessen macht Allah den Menschen verantwortlich, weil er Entscheidungen treffen kann. Derjenige, der fragt, warum er verantwortlich ist, sollte zunächst über seine Position im Dasein, seine Beschaffenheit und über seinen Schöpfungszweck nachdenken, die sich sowohl physisch als auch spirituell von anderen Wesen unterscheiden. Der Mensch unterscheidet sich von anderer Schöpfung aufgrund seiner Willenskraft/seiner Entscheidungsfähigkeit und folglich durch seine Verantwortung bezüglich dieser Entscheidungen.

Während die Engel die Fähigkeit haben, die Gebote Allahs zu erfüllen, ohne dabei zu zögern, widerspricht der Teufel Allahs Geboten und lehnt sich Ihm gegenüber auf. Die Menschen hingegen sind freigestellt, ob sie ihren freien Willen und ihre Entscheidungsfreiheit zugrunde legend Allahs Geboten und Verboten folgen wollen oder nicht. Wer aufgrund seiner Willenskraft etwas tut oder unterlässt, muss auch mit den Konsequenzen dieser Entscheidung rechnen.

Es gibt aber auch Dinge im Leben eines Menschen, die er nicht entscheiden kann. Beispiele wie: wo und wann er geboren und sterben wird, zu welcher Nation und Familie er

---

55 Yunus, 10/5; al-Mü'minun, 23/115; al-Qıyamah, 75/36.

angehören wird, physische Eigenschaften, wie zum Beispiel das Geschlecht, die Haar- und die Augenfarbe, können hierfür aufgeführt werden. Keine Person genießt diesbezüglich Privilegien. Diese Dinge geschehen mit dem Willen Allahs. Unser Schöpfer erschafft und er wählt, was Er will. Die Menschen dagegen haben diesbezüglich keine Entscheidungsmacht.[56]

Wir sollten nicht vergessen, dass diese Beschränkung unsere Stellung gegenüber Allah aufzeigt. Die Stellung der Menschen unterscheidet sich im Vergleich zu den anderen Lebewesen. Mit der Fähigkeit des Verstandes und der Willenskraft kann der Mensch manchmal höher als die Vögel fliegen und manchmal tiefer als die Fische tauchen. Er kann in der Wissenschaft, Kunst und in den Naturwissenschaften überlegene Werke hervorbringen. Obwohl es mit bloßem Auge nicht sichtbar ist, kann der Mensch spezielle Werkzeuge erfinden und anhand dieser mit der Lichtgeschwindigkeit und den Energiewellen fortgeschrittene Studien durchführen.

Der Mensch bemerkt den Sinn des Lebens, sobald er nicht an unveränderbaren Dingen hängen bleibt und erkennt, dass er im Vergleich zu anderen Schöpfungen mit überlegenen Fähigkeiten und Eigenschaften ausgestattet wurde. Unser Schöpfer, Der uns all diese Segnungen bescherte, ließ uns, Seine Diener auch nicht im Stich, sondern half uns, die richtigen Entscheidungen zu treffen, und leitete uns, indem Er uns Seine Propheten und Bücher als Wegweiser sandte. Aus diesem Grund wird der Mensch, der mit Vernunft und Willenskraft ausgestattet ist, zur Verantwortung gezogen.

---

56 al-Kasas, 28/68.

Warum gibt es Grausamkeiten, Ungerechtigkeiten und Böses auf der Welt? Wie können wir diese Gegebenheiten mit der Barmherzigkeit Allahs erklären❓

Das weltliche Leben ist eine Prüfung, in der das menschliche Verhalten geprüft und jede gute und schlechte Tat im Jenseits ausgewertet wird.[57] Allah erschuf das Dasein und beschenkte uns mit jeglichem Segen, um uns unsere Prüfung zu erleichtern.[58] Als Gegenleistung erwartet Er von uns, unsere Aufgabe als Seine Diener in bester Weise zu erfüllen, die Erde wiederaufzubauen und uns von allen Arten der Grausamkeit, Aufwiegelung und schlechtem Benehmen fernzuhalten.[59]

Derjenige, der weiß, dass er auf die Welt geschickt wurde, um geprüft zu werden, weiß auch, dass diese Prüfung einige Regeln beinhaltet.

Es ist das grundlegendste Recht der Prüflinge, einen Verstand und eine freie Willenskraft zu besitzen. Wenn Allah uns nicht die Fähigkeit gegeben hätte, unseren Willen frei zu nutzen, dann könnten wir getrost sagen, dass der einzige Verantwortliche für unser Verhalten, ob gut oder schlecht, der Schöpfer selbst ist. Aber jeder, dem die Fähigkeit zu entscheiden nicht genommen wurde, weiß, dass die Grausamkeiten, Ungerechtigkeiten und das Böse auf dieser Welt durch die Hand der Menschen verursacht wurden.[60] Kein Lehrer greift während einer Prüfung in die Antworten der Schüler ein. Wenn Allah die Grausamkeiten und Ungerechtigkeiten

---

57 Al-Mulk, 67/2.
58 Al-Baqara, 2/29; al-Dschasiya, 45/13.
59 An-Nahl, 16/90.
60 Asch-Schura, 42/30.

der Bösen verhindern würde, so würde die Willenskraft der Menschen aufgehoben und die Welt würde ihre Eigenschaft verlieren, ein Prüfungsort zu sein. In diesem Fall würde jeder glauben und so hätten auch das Paradies und die Hölle keine Bedeutung mehr.

Wenn wir diese Frage andersherum bewerten und annehmen würden, dass Allah jede Art der Grausamkeit, Ungerechtigkeit und das Böse verhindern würde, dann wäre jeder zwingend gut. In solch einer Situation wird eine Person, die auf das Gute programmiert ist, keinen Verstand und keine Willenskraft brauchen und es bestünde kein Grund, Optionen wie das Gute oder das Böse zu erschaffen. Allah erschuf jedoch alles jeweils mit einem Gegenteil. Jede gegenteilige Situation ermöglicht es uns, das Gute wertzuschätzen und uns ihm zuzuwenden. Der Wert von Gutem wird verstanden, wenn es das Böse gibt, der Wert von Schönem wird verstanden, wenn es das Hässliche gibt, der Wert vom Paradies wird verstanden, wenn es die Hölle gibt.

Darüber hinaus kann uns das Nachdenken über die Grausamkeit, Ungerechtigkeit und schlechten Taten in der Welt nicht geistig befriedigen, wenn wir diese vom Jenseits unabhängig betrachten. Natürlich weiß Allah, Der alles sieht, über die Grausamkeiten der Bösen und das Leiden der Unterdrückten Bescheid: *„Meine bloß nicht, dass Allah das Verhalten der Ungerechten unbeachtet lässt. Siehe, Er säumt mit ihnen nur bis zum Tage, an dem die Blicke starr werden."*[61] Dieser Vers besagt eindeutig, dass ein Tag kommen wird, an dem die Handlungen der Menschen, die auf dieser Welt geprüft werden, wahrhaft vergolten werden.

---

61 Ibrahim, 14/42.

Was das Thema angeht, wie wir die Existenz des Bösen mit der Barmherzigkeit Allahs in Einklang bringen können, sollten wir zunächst wissen, dass Allah sich das Erbarmen/die Barmherzigkeit zum Prinzip gemacht hat.[62]

„Als Allah über die Erschaffung der Existenzen verfügte, setzte Er sich ein Prinzip fest: ‚Zweifellos überragt Meine Barmherzigkeit Meinen Zorn.'"[63] Die Überlegenheit der Barmherzigkeit Allahs über Seinem Zorn zeigt, dass allen Schöpfungen Seine Barmherzigkeit zugrunde liegt. Ereignisse, die wir als schlecht betrachten, verbergen im Hintergrund Gutes, die wir manchmal sehen und manchmal nicht sehen können. Die Barmherzigkeit Allahs kommt manchmal mit Seiner Gnade und manchmal auch durch vermeintlich schlechte Ereignisse. Um in Ereignissen, die uns negativ erscheinen, die Barmherzigkeit Allahs zu erkennen, muss die Weisheit im Hintergrund verstanden werden.

Was ist mit Menschen, die glauben, aber den Glauben nicht praktizieren?

Die Taten sind nicht Teil des Glaubens. Ein Mensch, der das Gebot der Glaubenspraxis anerkennt und akzeptiert, diese aber nicht erfüllt, wird nicht als ungläubig bezeichnet.[64] Ein Mensch verlässt nicht den Rahmen des Glaubens, nur weil es ihm an Glaubenspraxis mangelt, sofern er die Grundlagen der Religion, die Gebote und Verbote im heiligen Qur´an und in der *Sunnah* (Religionspraxis unseres Propheten saw.) nicht leugnet. Er wird aber zu einem Sünder, der die Gebote Allahs nicht erfüllt. Wenn unser Schöpfer möchte, wird

---
62 al-An´am, 6/12.
63 Buhârî, Bed'ü'l-halk, 1.
64 İlmihal, c.1, s. 72.

Er ihm verzeihen oder bestrafen. Die Gottesdienste/Glaubenspraxen sind zwar kein Teil des Glaubens, aber sie sind die Früchte des Glaubens; es sind besondere Rituale, die den Menschen daran erinnern, dass sie Diener Allahs sind. Ein Mensch kann seine Hingabe an den Schöpfer, an den er glaubt, nur durch seine Gebete zeigen, und sein Glaube wird durch die beharrliche Glaubenspraxis gestärkt. Der Mensch nähert sich Allah durch die Glaubenspraxis und spürt dadurch die Kraft des Glaubens.

Wäre der Glaube ein Samen, der in die Erde eingepflanzt wird, so wäre die Glaubenspraxis sein Wasser, seine Sonne und Luft. So wie der eingesäte Samen ohne Bewässerung, Belüftung des Bodens und ausreichende Sonne trocknen würde – ohne dass man sein Dasein in der Erde weder fühlt noch bemerkt, und dieser möglicherweise mit der Zeit verschwindet –, so verringert sich der Glaube ohne die Glaubenspraxis im Herzen des Menschen und bringt den Menschen von der Glaubenslinie ab. Der Glaube bedarf Glaubenspraxis damit er wachsen, blühen und Früchte tragen kann.

Im heiligen Qur´an heißt es an vielen Stellen: *„Diejenigen, die glauben und das Rechte tun."*[65] *Die Betonung vom richtigen Verhalten und Taten - direkt nach dem Glauben - zeigt, dass der Glaube mit dem Herzen nicht ausreicht, um ein hingebungsvoller Diener Allahs zu sein.* Wenn der Mensch als Erfordernis seines Glaubens mittels seiner Glaubenspraxis und seines edlen Verhaltens danach strebt, ein würdiger Diener Allahs zu sein, so wird Allah aufgrund seiner Bemü-

---

65 Die Verse mit der Aussage: „Diejenigen, die glauben und das Rechte tun, finden Sie unter al-Baqara, 2/25, 62, 82, 277; Al-i Imran, 3/57; an-Nisa, 4/57, 122, 173; al-Maida, 5/9, 69, 93; al-A'raf, 7/42; al-Ankabut, 29/58; at-Talaq, 65/11 usw.

hungen seine schlechten Taten verdecken und sogar mit Schönerem belohnen.[66]

Warum ist „*Schirk*" (das Beigesellen) die größte Sünde? Warum verzeiht Allah das Beigesellen nicht?

„*Schirk*" ist ein Substantiv, das im Wörterbuch als „Partner sein", „Partnerschaft" und „Beigesellen" definiert wird und stellt eine Leugnung dar. Diejenigen, die *Schirk* begehen, nennt man Polytheisten (*Muschrik*). Als Begriff bedeutet es „zu glauben, dass es für Allah einen Partner gibt, der Ihm als Wesen, in Seinen Handlungen, in Seinen Attributen oder in Seiner Anbetung gleichwertig oder ähnlich ist".[67]

Schirk (das Beigesellen) ist die größte Ungerechtigkeit gegenüber Allah[68] und die größte Verleumdung Ihm gegenüber.

Dementsprechend ist sie die größte Sünde und diese Sünde wird von unserem Schöpfer absolut nicht verziehen: *„Siehe, Allah vergibt es nicht, dass Ihm Götter zur Seite gesetzt werden. Doch im Übrigen vergibt Er alles, wem Er will. Wer Allah Götter an die Seite setzt, der verleumdet Ihn und begeht damit eine große Sünde."*[69]

Es ist bedauernswert, dass der Mensch, der bereits die Erkenntnis von einer höheren Macht, die alles auf der Welt verwaltet, erlangt hat, aber diese Macht nicht richtig erfasst hat; er die göttlichen Eigenschaften, die nur Allah besitzt,

---

66 Al-Ankabt, 29/7.
67 Mustafa Sinanoğlu, "Şirk", DİA, c. 39, s. 193.
68 Loqman, 31/13.
69 An-Nisa, 4/48.

auf andere Existenzen projiziert. Warum sollte eine Existenz, die alles erschafft, aufrechterhält und verwaltet, erlauben, dass ihm jemanden beigesellt wird und zulassen, dass man sich in seine Angelegenheiten einmischt? Solch ein Gedanke ist sowohl gegen das Konzept einer Göttlichkeit als auch gegen den Glauben an Allah laut dem heiligen Qur´an.[70] Unser Schöpfer hat diese Tatsache offenkundig in mehreren Versen wiederholt: „*Nichts ist Ihm gleich.*"[71] „*Es gibt keine Gottheit außer Ihm. Er ist der Schöpfer von allem.*"[72] „*Es gibt keinen, der Ihm gleicht.*"[73]

Außerdem appelliert Er direkt an die Vernunft der Menschen, damit sie verstehen, wie unfähig die Wesen sind, die sie für Götter halten. „*Siehe jene, die ihr neben Allah anruft, nie können sie jemals eine Fliege erschaffen, selbst wenn sie sich zusammentun. Und wenn ihnen die Fliege etwas raubte, könnten sie es ihr nicht wegnehmen.*"[74]

Allah erschuf den Menschen mit einem Verstand. Er verkündete, dass es nur einen Schöpfer im Dasein gibt, und damit die Menschen diese Tatsache begreifen, sandte Er ihnen Propheten und Bücher, die auch erläuterten, warum es keinen weiteren Schöpfer im Dasein geben kann. Und wenn der Mensch trotz allem vorzieht, sich dem *Schirk* zuzuwenden, so begeht er eine große Sünde und macht sich des Beigesellens schuldig. In diesem Sinne ist das Beigesellen mit Leugnung gleichzusetzen. Denn es bedeutet, dass derjenige, der *Schirk* begeht, das Wesen Allahs nicht angemessen erfasst hat und in Verleugnung geriet. In dieser Hinsicht wird *Schirk*

----

70 Bekir Topaloğlu, Yusuf Şevki Yavuz, İlyas Çelebi, İslam'da İnanç Esasları, Çamlıca Yay., İstanbul, 2016, s. 83-86.
71 Asch-Schura, 42/11.
72 Al-An'am, 6/102.
73 Al-Ihlas, 112/4.
74 Al- Hadsch, 22/73.

mit „*Kufr*" (Unglauben/Verleugnung) gleichgesetzt und wird zu einer Situation, die Allah niemals vergeben wird.[75]

Vergibt mir Allah, wenn ich eine große Sünde begehe?

Das einzige makellose und vollkommene Wesen ist Allah. Der Mensch macht in seinem Leben Fehler, da er zum Guten und zum Schlechten neigt.[76] Er kann auch seinem Schöpfer gegenüber Fehler begehen und sich undankbar verhalten. Allah ist vergebend; Er offenbart im heiligen Qur´an, dass Er jede Sünde vergibt, abgesehen von *Schirk*.[77]

„Sprich: ‚Oh Gottesdiener, die ihr euch gegen euch selbst versündigt habt! Verzweifelt nicht an Allahs Barmherzigkeit; seht, Allah verzeiht die Sünden allzumal. Er ist gewiss der Vergebende, der Barmherzige."[78]

Es ist eine große Verheißung und eine frohe Botschaft, dass Er in diesem Vers die Sündigenden und die zum Extremen Neigenden trotzdem als „Meine Diener" bezeichnet und ihnen appelliert, dass sie die Hoffnung über Allahs Barmherzigkeit nicht verlieren sollen.

Derjenige, der denkt, dass er eine große Sünde begangen hat, sollte vorrangig wissen, dass es keine Sünde gibt, die unser Schöpfer nicht verzeihen würde. Niemandem wird die Tür der Vergebung verschlossen, egal wie groß auch immer die Sünde sein mag. Die Tür der Vergebung bleibt auch für diejenigen geöffnet, die unter anderem die als große und dem

---

75 Mustafa Sinanoğlu, "Şirk", DİA, c. 39, s. 193-198.
76 Asch-Schams, 91/8.
77 An-Nisa, 4/116; asch-Schura, 42/25, 30; al-Hidschr, 15/49-50.
78 Az-Zumar, 39/53.

Menschen unwürdige Sünden bezeichnet werden, begangen hat, wie etwa Unzucht, Alkoholkonsum und Diebstahl. Wichtig hierbei ist, dass man die Fehler und Sünden bereut und Allah aufrichtig um Vergebung bittet.[79]

„Eine aufrichtige Reue", die dem hoffnungslosen Menschen bezüglich seiner Sünden Erleichterung verschafft, löscht gleichzeitig die Spuren der Vergangenheit und wird als Gottesdienst gewertet. Aus diesem Grund stellten islamische Gelehrte einige Tatsachen in den Vordergrund, damit die Reue anerkannt wird, die dazu führt, dass den Sünden vergeben wird. Damit die Reue akzeptiert wird, setzt Allah voraus, dass dem Menschen sein Fehlverhalten bewusst wird und er dieses bereut. Es ist ein Zeichen der Aufrichtigkeit der Reue, wenn man die Sünde verlässt und entschlossen ist, diese nie wieder zu begehen. Außerdem wird empfohlen, gute Taten zu vollbringen, um die vergangenen Fehler wiedergutmachen zu können.

Es gibt einige Dinge, die je nach Beschaffenheit der Sünde gemacht werden müssen, damit der Sünde vergeben wird.

Falls die Sünde die Verpflichtungen gegenüber Allah betrifft, wie das Nicht-Nachkommen und Vernachlässigen der Pflicht-Glaubenspraxen/-Gebete (*Fardh-Ibadah*), dann muss die Anstrengung gegeben sein, die vernachlässigten Gebete nachzuholen, damit diesen Sünden vergeben wird. Falls die Sünde, um deren Vergebung gebeten wird, gegenüber Menschen und der Gesellschaft begangen wurde, dann müssen die Betroffenen um Vergebung (*Haq*) gebeten und deren Verluste ersetzt werden, damit der Sünde vergeben wird.[80]

---

[79] Komisyon, Hadislerle İslam, Ankara, 2013, c. 2, s. 100.
[80] Adil Bebek, "Günah", DİA, c. 14, s. 283.

Manchmal kommt mir die Einflüsterung (*Waswas*), dass Allah nicht existiert. Falle ich dann vom Glauben ab?

Solche Gedanken, die den Menschen unwillkürlich überkommen und beunruhigend wirken, bezeichnet man als „Einflüsterungen" (*Waswas/Vesvese*). Diese Gedanken sind das Werk vom menschlichen *Nafs* (Triebseele) oder des Teufels. Sie sind für den Menschen äußerst beunruhigend, weil sie gegen den Glauben und dem religiösen Verständnis verstoßen. Diese schlechten Gedanken, d.h. Einflüsterungen, die unwillkürlich in den menschlichen Sinn kommen, haben keinen Einfluss auf den Glauben, sofern der Mensch diese nicht mit seiner Vernunft bestätigt.[81]

Die Einflüsterungen störten auch die Gefährten des Propheten (saw.). Einige unter ihnen beklagten sich beim Propheten (saw.), dass sie solche Einflüsterungen hätten, die sie nicht einmal wagen würden, auszusprechen.

Unser Prophet (saw.) sagte, dass sie sich keine Sorgen machen müssen, dies sei nämlich ein Zeichen vom aufrichtigen Glauben.[82] In einem anderen *Hadith* (Überlieferung) wird überliefert, dass der Mensch nicht für seine schlechten Gedanken und für die Einflüsterungen verantwortlich ist, sofern er diese nicht in die Praxis umsetzt.[83]

---

81 Mustafa Çağrıcı, "Vesvese", DİA, c. 43, s. 70-72.
82 Müslim, Îmân, 209.
83 Buhârî, Talâk, 11.

Gibt es Engel und was sind das für Wesen?

Der Glaube an die Engel ist eines der Grundprinzipien des islamischen Glaubens. Die Engel, ihre Eigenschaften und ihre Pflichten werden in sehr vielen Versen des heiligen Qur´ans ebenso erwähnt, wie auch der Glaube an die Existenz der Engel. *„Der Gesandte glaubt an das, was ihm von seinem Herrn herabgesandt wurde, und ebenso die Gläubigen. Alle glauben an Allah und Seine Engel und Seine Schriften und Seine Gesandten (...).“*[1] Zudem wird die Notwendigkeit des Glaubens an die Existenz der Engel, betont: *„Oh ihr, die ihr glaubt! Glaubt an Allah und Seinem Gesandten und an das Buch, das Er auf Seinen Gesandten herabgesandt hat, und die Schrift, die Er zuvor herabkommen ließ. Wer nicht an Allah und Seine Engel und Seine Bücher und Seine Gesandten und an den Jüngsten Tag glaubt, der ist weit abgeirrt.“*[2]

Als unser Prophet (saw.) gefragt wurde: „Was ist der Glaube (*Iman*)?", antwortete er: *„Iman ist der Glaube an Allah, an die Engel, an die Bücher, an die Propheten, an den Tag des Jüngsten Gerichts und an das Schicksal, mit allem Guten und Schlechten.“*[3] Durch die Offenbarungen im heiligen Qur´an und in den *Ahadithen* (Überlieferungen) wird uns bewusst, wie wichtig der Glaube an die Engel ist und dass sie existieren. Alles, was in unse-

---

1 Al-Baqara, 2/285.
2 An-Nisa, 4/136.
3 Müslim, Îmân, 1

rem heiligen Buch (Qur´an) steht – welches uns von Allah gesandt wurde – ist richtig und wahrhaftig. Unser Prophet (saw.), der in seinem ganzen Leben nie gelogen hat, teilte uns Informationen

über die Existenz der Engel mit, die auf Offenbarungen basieren. Somit wird die Existenz der Engel mit Versen und *Ahadithen* eindeutig untermauert.

Wir können sie zwar nicht sehen, aber die Propheten haben die Engel gesehen. Sie erhielten die heiligen Offenbarungen durch Gabriel (*Dschabrail/Cebrail*) (as.), der ein Engel ist. Diese Tatsache betrifft alle Propheten. Aus diesem Grund ist der Glaube an die Engel in jeder himmlischen Religion vorhanden.

Es ist nicht möglich, Beweise für die Existenz der Engel zu liefern, wie es in der Wissenschaft üblich ist, da die Engel weit davon entfernt sind weder gesehen noch mit den Sinnen erfasst zu werden. Jedoch ist der Verstand verantwortlich dafür, die Richtigkeit solcher Themen bezüglich des Glaubens zu erfassen. Auch wenn der Verstand keine Beweise für die Existenz der Engel liefern kann, kann er ergründen, ob es Engel gibt oder nicht. In diesem Fall ist der erste Denkansatz, dass Allah in der Lage ist, solche Wesen zu erschaffen. Denn schließlich erschuf Allah neben unserer eigenen physischen Existenz, zahlreiche Wesen, die wir nicht sehen können. Wie etwa das Leben selbst oder den Verstand... Genau wie diese kann Er auch solche Wesen im Universum erschaffen. Der Verstand betrachtet die Existenz der Engel als „möglich"; er lehnt sie nicht ab.

DER GLAUBE AN DIE ENGEL

Zusammengefasst: Genauso wie es unseren Verstand, unseren Geist/unsere Seele und unser Leben gibt, so gibt es auch die Engel.[4]

Da die Engel Wesen sind, die wir nicht sehen können, erhalten wir Informationen über sie aus dem heiligen Qur´an und über die *Ahadithe*. Folgendes wird im heiligen Qur´an und in den *Ahadtihen* verkündet:

1. Die Engel wurden aus Licht (*NUR*) erschaffen.
2. Sie haben keine menschlichen Eigenschaften, wie Männlichkeit/Weiblichkeit, essen/trinken oder Müdigkeit/Frust.
3. Sie erfüllen die Aufgaben, die Allah ihnen erteilt. Sie gehen nicht über Allahs Gebote hinaus.
4. - Sie sind extreme leistungsstarke Wesen, die in der Lage sind, sich sehr schnell zu bewegen.
5. Unter normalen Umständen sieht man sie nicht.
6. Die Engel können mit Allahs Erlaubnis verschiedene Formen und Gestalten annehmen. Unter solchen Umständen können sie von Menschen gesehen werden.
7. Die Engel kennen nicht das Verborgene (*Ghayb*). Sie wissen nur die Informationen, die Allah ihnen vermittelt.[5]

---

4 A. Arslan Aydın, "Melekler ve İslam Akidesindeki Yeri", Diyanet İlmi Dergi [Diyanet İşleri Başkanlığı Dergisi], 1966, cilt: V, sayı: 11, s. 301-304.
5 Bekir Topaloğlu, Yusuf Şevki Yavuz, İlyas Çelebi, İslam'da İnanç Esasları, s. 218.

DIE GLAUBENSFRAGEN DER JUGEND

Was sind die Aufgaben der Engel?

Allah Ta´ala erschafft nichts ohne Grund. Dementsprechend hat auch die Erschaffung der Engel einen Zweck und um diesen erfüllen zu können, wurde ihnen Pflichten zugewiesen. Zu den Pflichten der Engel gehört unter anderem Folgende: Allah mit Lob zu verherrlichen und sich vor Ihm niederzuwerfen,[6] die Propheten und die Gläubigen in schwierigen Situationen, wie zum Beispiel in der Schlacht von *Badr* zu unterstützen,[7] während des Todes die Ungläubigen zu tadeln und den Gläubigen das Paradies zu verkünden,[8] die Pflichten, welche Allah ihnen erteilt hat, zu erfüllen,[9] den Propheten Segen und Frieden zu wünschen (*Salat-u Salam*) und für die Gläubigen um Vergebung zu bitten.[10]

Einige der Engel haben speziellere Pflichten. Gabriel (*Dschabrail/Cebrail*) (as.) wurde verpflichtet zwischen Allah und den Propheten als Botschafter zu fungieren. Der Todesengel (*Azrail*) wurde beauftragt, das Leben der Menschen, deren Todeszeitpunkt eingetroffen ist, zu nehmen; der Erzengel Michael (*Mikail*) wurde beauftragt die Naturereignisse zu verwalten; *Israfil* hingegen wurde beauftragt, auf Befehl Allahs das Horn (*Sur*) zu blasen, sodass dann der Tag des Jüngsten Gerichts anbricht.[11] Die Schreiberengel namens „*Kiramen Katibin*" (die ehrenvollen Schreiber) befinden sich jeweils rechts und links von Menschen und wurden beauftragt, alle Taten der Menschen

---

6 A'râf, 7/206; Anbiyâ, 21/19-20.
7 Al-i Imran, 3/123-125.
8 Al-Anfal, 8/50; al-Fussilat, 41/30-31.
9 An-Nahl, 16/50.
10 Al-Ahzab, 33/56; al-Mu'min, 40/7-8.
11 Bekir Topaloğlu, Yusuf Şevki Yavuz, İlyas Çelebi, İslâm'da İman Esasları, DİB Yay., Ankara, 2015, s. 216-226. Ayrıca bkz. Kâmil Güneş, Meleklere İman, DİB Yay., Ankara, 2018, s. 43-6

aufzuschreiben.[12] Während *Munkar* und *Nakir* beauftragt wurden, die Befragung im Grab zu vollziehen,[13] gibt es Engel, die im Paradies und in der Hölle die Gläubigen empfangen[14] und Engel, die die Aufgabe erfüllen, dass die Höllenbewohner die Qualen der Hölle auskosten, die sie verdienen,[15] und Engel, die den Thron tragen und ihn rings umgeben.[16] Schließlich erfüllen Engel die Pflichten, womit Allah sie beauftragt hat. Wenn Allah es wünscht, kann Er einem Engel mehr als eine Aufgabe übertragen.[17]

Da wir unser Wissen über die Engel aus dem heiligen Qur´an und der *Sunnah* (Religionspraxis unseres Propheten saw.) beziehen, wurden die oben erwähnten Beispiele aus dem, was uns in diesen beiden Quellen berichtet wurde, ausgewählt. Nur Allah weiß, wie viele Engel existieren, deren Namen und Aufgabe wir nicht kennen.

Können wir die Engel sehen?

Die Engel sind metaphysische Wesen; sie wurden aus Licht (*NUR*) erschaffen. Wir können sie weder sehen, noch können wir sie mit unseren Sinnen erfassen. Nicht weil sie nicht existieren, sondern weil unsere Augen nicht mit der Fähigkeit erschaffen wurden, sie zu sehen. Die Propheten jedoch sahen die Engel in ihrer wahren Gestalt.

Die Engel können mit der Erlaubnis Allahs verschiedene Formen und Gestalten annehmen. Wenn sie jedoch ihre

---

12 Az-Zuhruf, 43/80; al-Qaf, 50/17-18; al-Infitar, 82/10-11.
13 Tirmizî, Cenâiz, 70.
14 Ar-Ra'd, 13/23-24; al-Anbiya, 21/103; az-Zumer, 39/73.
15 Az-Zumar, 39/71-72; at-Tahrim, 66/6; al-Mudaththir, 74/30-31.
16 Az-Zumer, 39/75; al-Mu'min, 40/7; al-Haqqa, 69/17.
17 Bezüglich dieses Themas siehe auch: Mehmet Sait Özervarlı, "Melek", DİA, c. 29, s. 40-42.

ursprüngliche Gestalt verlassen und eine andere materielle Gestalt, wie zum Beispiel die Gestalt eines Menschen annehmen, so sind sie für die Menschen sichtbar. Zum Beispiel wurde der Erzengel Gabriel (as.) während des *Hadithes* (Überlieferung), der als der „Dschibril-Hadith" bekannt ist, womit die Definition der Begriffe „der Glaube", „der Islam" und „die Aufrichtigkeit" (*Ihsan*) festgelegt wurde, von den *Ashab* (Gefährten des Propheten des Muhammed saw.) in Gestalt eines Menschen gesehen.[18]

Im heiligen Qur´an wird offenbart, dass die Engel dem Propheten Abraham (as.) verkündeten, dass er einen Sohn bekommen wird, indem sie ihm in Gestalt eines Menschen erschienen.[19] Der heilige Qur´an offenbart zudem, dass der Erzengel Gabriel (as.) der ehrenwerten Maryam/Maria in Gestalt eines Menschen erschien,[20] obwohl sie kein Prophet ist.[21]

Können wir uns die Engel als künstliche Intelligenz vorstellen? Können die Engel mit Robotern oder Radiowellen verglichen werden❓

Die Engel sind Wesen, welche wir nicht mit unseren Sinnen erfassen können. Aus diesem Grund erhalten wir das Wissen über sie nur aus dem heiligen Qur´an und aus der *Sunnah* (Religionspraxis unseres Propheten saw.). Im 30. Vers der *Sura al-Baqara* verkündet Allah Ta´ala Folgendes: *„Und als dein Herr zu den Engeln sprach: ‚Siehe, Ich will auf der Erde für Mich einen Sachwalter einsetzen'. Da sagten sie (die En-*

---

18 Muslim, Imān, 1.
19 Hud, 11/69-70.
20 Maryam, 19/16-17.
21 M. Sait Özervarlı, "Melek", DİA, c. 29, s. 40-42.

gel): ‚Willst Du auf ihr einen einsetzen, der auf ihr Verderben anrichtet und Blut vergießt? Wir verkünden doch Dein Lob und rühmen Dich.' Er sprach: ‚Siehe, Ich weiß, was ihr nicht wisst.'" Durch diesen Vers wird offensichtlich, dass Allah die Engel vor den Menschen erschuf und dass die Engel Gottesdienste für Allah vollbringen und sie Wesen mit Bewusstsein sind. Da die künstliche Intelligenz und Roboter dagegen von Menschen entwickelt und produziert werden, ist es unmöglich, die Engel als künstliche Intelligenz zu betrachten. Außerdem sind Engel Wesen mit Bewusstsein, sodass sie nicht den Radiowellen gleichen können.

Es führt uns zum Irrglauben, wenn wir Wesen, deren Natur und Beschaffenheit wir nicht kennen, mit Wesen gleichsetzen, die wir mit unseren Sinnen erfassen können. Die einzige Informationsquelle über die Engel sind die Offenbarungen. Daher müssen wir an die Engel im Rahmen dieser Offenbarungen Allahs glauben, ohne sie mit anderen Wesen gleichzusetzen/zu vergleichen. Weder im heiligen Qur´an noch in der *Sunnah* gibt es Beweise, welche die Annahme rechtfertigen, dass es sich bei den Engeln um künstliche Intelligenz oder Radiowellen handelt.

Welche Vorteile resultieren aus dem Glauben an die Engel für meinen Alltag?

Die von Allah erschaffenen Wesen sind nicht mit dem sinnlich Erfassbaren begrenzt. Engel sind Wesen, die dem metaphysischen Bereich angehören. Durch den Glauben an die Engel verstehen die Menschen viel leichter, dass das Universum nicht nur aus Materie besteht, sondern dass Allah neben der physischen Welt auch eine metaphysische Welt erschaffen hat. Ein Mensch, der erkennt, dass er als eine Einheit aus einem Körper und einer Seele erschaffen wurde und dass er sowohl eine materielle als auch eine spirituelle Existenz besitzt, wird einsehen, dass er so hilflos ist, dass er nicht einmal selbstständig atmen könnte, wenn Allah es für ihn nicht erschaffen und ihn damit segnen würde. Mit diesem Bewusstsein bemüht sich der Mensch ein würdiger Diener Allahs zu sein und bereitet damit sein Leben im Jenseits vor.

Die Existenz der Engel, die den Menschen sehen, bewachen und beschützen, gibt diesem ein Gefühl von Vertrauen und Sicherheit. Derjenige, der glaubt, dass Allah ihn mit unsichtbaren Helfern beschützt und unterstützt, wird die Liebe Allahs spüren und alles in seiner Macht Stehende tun, um dieser Liebe würdig zu sein. Es erleichtert und stärkt den Menschen zu wissen, dass Engel sie als Unterstützer umgeben und sie jeder Zeit zum Guten führen, während der Teufel sie offensichtlich irreführen möchte. Der Gedanke, dass Engel nicht über die ihnen von Allah erteilten Befehle hinausgehen und es Engel gibt, deren einzige Pflicht im Leben darin besteht, Allah zu verherrlichen, hindert den Menschen daran, sich Dingen hinzugeben, die ihn als Diener Allahs von seinem Erschaffungszweck ablenken. Dem Menschen fällt es schwer, Sünden zu begehen, wenn ihm bewusst wird, dass Allah ihn ständig beobachtet und all seine Taten aufgezeichnet werden. Der Gedanke, dass ihm all seine Taten im Jenseits vorgeführt werden und dies sein Leben im Jenseits bestimmt, hindert den Menschen daran Sünden zu begehen.

Schadet es meinem Glauben, wenn ich nicht an die Engel glaube ❓

Es gehört zu den Glaubensprinzipien an die Existenz der Engel zu glauben. Diesbezüglich gibt es viele Verse: *„Der Gesandte glaubt an das, was ihm von seinem Herrn herabgesandt wurde, und ebenso die Gläubigen. Alle glauben an Allah und Seine Engel und Seine Schriften und Seine Gesandten [...]."*[22] Das Verleugnen der Engel, deren Existenz offensichtlich im heiligen Qur´an verkündet wird, führt dazu, dass der Mensch aus dem Islam tritt. Da das Nichtglauben an die Engel bedeutet, dass man die Propheten, die Schriften und die Religion, welche die Propheten vermittelten, ablehnt. Denn die religiösen Prinzipien wurden den Propheten durch die Engel vermittelt.[23]

Warum lässt Allah die Engel Seine Befehle ausführen, wenn Er doch allmächtig ist ❓

Allah wollte verschiedene Wesen unterschiedlicher Art mit und ohne Bewusstsein, lebendig und leblos erschaffen. Die Engel sind ebenfalls ein Teil dieser Schöpfung, nur dass sie nicht zur physischen Welt, sondern der metaphysischen Welt angehören, keinen Willen besitzen und nur ihre Pflichten erfüllen.

Die Engel waren Zeugen, als die Menschen erschaffen wurden[24] und Allah gab ihnen in Bezug auf die Ordnung des

---

22 Al-Baqara, 2/285.
23 A. Hamdi Akseki, *Die Religion Islam*, Ankara, 1983, s. 70.

24 Al-Baqara, 2/30.

Universums Aufgaben. Die Tatsache, dass es neben den Menschen auch andere Wesen gibt, die eine andere Beschaffenheit haben, ist kein Zeichen der Schwäche Allahs, sondern ein Zeichen Seiner Macht.

Es gibt eine Ordnung zwischen den Existenzen, obwohl sie so verschieden sind. Diese Ordnung nennen die Wissenschaftler „Kosmos". Es spiegelt die Perfektion des Universums wider. Auch wenn wir die Details der Ordnung im Universum nicht ganz nachvollziehen können, ist es eines der wichtigsten Beweise für die Existenz und Macht Allahs. Allah erschuf das Universum und die Wesen darin, damit Seine Herrlichkeit erkannt wird.[25] Für Allah gibt es zwischen der Erschaffung des Menschen und die der Engel oder der anderen Wesen keinen Unterschied. Denn Allah tut, was Er will[26] und niemand kann Ihn wegen Seiner Taten zur Rechenschaft ziehen; nur Er kann andere Existenzen wegen ihrer Taten zur Rechenschaft ziehen.[27]

Unser Schöpfer hat unter den Geschöpfen, die er erschaffen hat, eine Ordnung geschaffen, wie Er es wünscht, und in dieser Ordnung hat er den Menschen einige Verantwortungen auferlegt und auch Engel für bestimmte Aufgaben verantwortlich gemacht. Innerhalb dieser Ordnung übertrug Er den Engeln verschiedene Pflichten und bestimmte einige von ihnen, die Taten der Menschen zu bezeugen, sodass sie ihre Taten am Tag des Jüngsten Gerichts nicht leugnen können: *„Meinen sie denn, dass Wir ihre Geheimnisse und ihr heimliches Gespräch nicht hören? Im Gegenteil, Unsere Boten (Engel) bei ihnen schreiben es auf."*[28] Andernfalls braucht un-

---

25 At-Talaq, 65/12.
26 Hud, 11/107; al-Burudsch, 85/16.
27 Al-Anbiya, 21/23.
28 Az-Zuhruf, 43/80.

ser Schöpfer die Hilfe der Engel nicht. Denn sobald Er etwas wünscht, sagt Er „Sei/Werde" und es wird.[29]

Wenn es *Azrail* ist, der jedem das Leben nimmt, wer nimmt dann das Leben von jenen, die zeitgleich sterben❓

Azrail ist laut dem heiligen Qur´an der Todesengel, der von jenen das Leben nimmt, deren Todeszeit eingetroffen ist: „Sprich: ,**Der Engel des Todes**, der euch zugeteilt ist, wird euch holen. Dann werdet ihr zu eurem Herrn zurückgebracht.'"[30]

Es gibt zwei Erläuterungen darüber, wie *Azrail* das Leben der Menschen nimmt, die zeitgleich sterben. Die erste Erläuterung besagt, dass der Todesengel nicht der einzige Engel ist. In einigen Versen im heiligen Qur´an werden die Todesengel, die das Leben der Menschen nehmen im Plural erwähnt.[31] Dementsprechend erfüllt *Azrail* seine Pflicht nicht alleine, sondern mit Engeln, die dieselbe Pflicht haben. *Azrail* hat demnach zahlreiche Helfer. Diese Ansicht wird eher bevorzugt.[32]

Die zweite Erläuterung dagegen besagt, dass Engel (wie bereits zu Beginn des Kapitels: „Der Glaube an die Engel" erwähnt) hochbegabte und mächtige Wesen sind. Es ist demnach möglich, dass sie entsprechend ihrer Pflicht über verschiedene Fähigkeiten verfügen. Demzufolge ist es für *Azrail* nicht schwierig oder unmöglich, das Leben der Men-

---

29 Al-Baqara, 2/117. Siehe auch Al-i Imran, 3/47, 59; al-An'am, 6/73; an-Nahl, 16/40; Meryem, 19/35; Yasin, 36/82; al-Mu'min, 40/68.
30 As-Sadschda, 32/11.
31 An-Nisa, 4/97; an-An'am, 6/61; al-Anfal, 8/50; Muhammed, 47/27.
32 Recep Ardoğan, Sistematik Kelam Ve Güncel İnanç Sorunları, s. 250.

schen zu nehmen, die zeitgleich sterben. Es wäre irrtümlich, die Engel mit den Menschen zu vergleichen, denn während es für Menschen unmöglich ist, gleichzeitig an zwei Orten zu sein und in einer sehr kurzen Zeit lange Strecken zurückzulegen, ist es für die Engel eine Leichtigkeit. Demnach kann *Azrail* seine Pflicht mit seinen überlegenen Fähigkeiten problemlos ausführen.[33]

Warum werden die Engel immer als Mädchen mit Flügel abgebildet; haben sie ein Geschlecht?

Die Engel haben kein Geschlecht. Unser Schöpfer kritisiert im heiligen Qur´an, die Engel als Mädchen und Töchter Allahs wahrzunehmen: *„Hat denn euer Herr gerade für euch Söhne ausersehen und Sich aus den Engeln Töchter genommen? Ihr sagt da wirklich etwas Ungeheuerliches!"*[34] In einem anderen Vers wird Folgendes offenbart: *„Und sie machen die Engel, die Diener des Erbarmens, zu weiblichen Wesen. Waren sie etwa Zeugen ihrer Schöpfung? Ihre Behauptung wird niedergeschrieben, und sie werden zur Rede gestellt werden"*[35], und betont, dass Menschen mit dieser Ansicht zur Rechenschaft gezogen werden. Laut diesem Vers sind die Engel genauso wie die Menschen und die Dschinn, auch Diener Allahs. Nur ihre Existenzmerkmale unterscheiden sich von denen der Menschen.

Unser Schöpfer offenbart im heiligen Qur´an, dass die Engel Wesen mit Flügel sind: *„Alles Lob gebührt Allah, Dem Schöpfer der Himmel und der Erde, Der die Engel zu Boten*

---

33 Recep Ardoğan, Sistematik Kelam Ve Güncel İnanç Sorunları, s. 250.
34 Al-Isra, 17/40.
35 Az-Zuchruf, 43/19.

macht, versehen mit Flügeln, je zwei, drei oder vier. Er fügt der Schöpfung hinzu, was Er will. Allah hat wahrlich Macht über alle Dinge."[36] Wir kennen die genaue Art und Form der Engelsflügel nicht, aber wir können sie als Symbol ihrer Stärke betrachten, die es ihnen ermöglicht, ihre Pflichten so schnell wie möglich zu erfüllen.

Würde es meinem Glauben schaden, wenn ich die Engel mit folgenden Aussagen verhöhne: „Azrail arbeitet viel, Israfil macht Urlaub"?

Unüberlegte Aussagen sowohl über die Engel als auch über andere Glaubensthemen können unserem Glauben schaden. Zuzeiten des Propheten (saw.) kam es zu solch einer Situation, wobei die Heuchler mit folgendem Vers gewarnt wurden: „*Und wenn du sie fragst, wahrlich, dann sagen sie: ‚Wir schwätzten und scherzten doch nur.' Sprich: ‚Verspottet ihr etwa über Allah und Seine Botschaft und Seinen Gesandten? Redet euch nicht raus! Ihr seid wieder ungläubig geworden, nachdem ihr geglaubt hattet [...].'*"[37] Obwohl die Warnung in diesem Vers insbesondere an die Heuchler gerichtet ist, schließt sie auch die Gläubigen ein. Es soll uns davon abhalten über religiöse Themen und über die Angelegenheiten des Glaubens zu spotten.

Wenn Aussagen wie, „Azrail arbeitet viel, Israfil macht Urlaub" gesagt werden, um den Weltuntergang und das Jenseits zu verhöhnen, dann führt es dazu, dass die Person vom Glauben fällt. Auch wenn nur ein Scherz beabsichtigt wur-

---

36 Al-Fatir, 35/1.
37 At-Tawba, 9/65, 66.

de (ohne dass man es leugnet oder geringschätzt), so wird es dennoch nicht gern gesehen, da es möglicherweise dem Glauben schadet.[38]

Wissen die Engel und die Dschinn über Dinge Bescheid, die Menschen nicht wissen?

Es gibt Informationen über die Vergangenheit und über die Zukunft, auf die wir alle neugierig sind und die wir mit unseren Sinnen und unserem Verstand nicht erlangen können. Diese Informationen, welche die Menschen mit ihrem Wissen nicht erlangen können, werden im heiligen Qur´an als „*Ghayb*" (das Verborgene) bezeichnet.

Informationen, die sich auf das *Ghayb* beziehen, werden in zwei Kategorien unterteilt. Zum einen „das Wissen, welches ausschließlich Allah weiß" und zum anderen „das Wissen, welches Allah zulässt, dass es auch anderen bekannt wird". Nur das Wissen, welches ausschließlich Allah kennt, wird als „absolutes *Ghayb*" bezeichnet. Eines der wichtigsten Merkmale der Gläubigen ist es, an dieses Wissen zu glauben.[39] Es ist für einen Menschen, ein Engel, einen Dschinn oder ein sonstiges Wesen unmöglich diese Informationen zu erlangen.[40]

Alles, was für die Menschen unter *Ghayb* fällt und alle Informationen, die Allah für Sich behält, sind auch für die

---

38 Ahmet Saim Kılavuz, İman Küfür Sınırı, Marifet Yay., İstanbul, 1984, s. 106-130.
39 Al-Baqara, 2/3.
40 Al-Maida, 5/109, 116; al-An'am, 6/73; at-Tawba, 9/94, 105; ar-Ra'd, 13/9; as-Saba', 34/48.

Engel und die Dschinn *Ghayb*. Trotzdem sind die Engel und die Dschinn Wesen, die sich bezüglich der Schöpfung vom Menschen unterscheiden. Als metaphysische Wesen, die sich schneller bewegen und länger leben, können sie Zugang zu Informationen erhalten, die Menschen nicht haben.

Trotz dieser Eigenschaften entnehmen wir aus den Versen des heiligen Qur´ans, dass es ihnen nicht möglich ist, ohne die Erlaubnis Allahs auf verborgene Informationen (*Ghayb*) zuzugreifen. Zu den Versen, die implizieren, dass Engel über mehr Wissen verfügen als Menschen, gehört unter anderem der Vers, in dem Allah offenbart, dass Er einen „*Kalifen (Statthalter/Sachwalter) erschaffen*" wird, worauf die Engel vorausschauend annehmen, dass „die Abstammung Adams auf der Erde Blut vergießen wird."[41] Im 32. Vers der *Sura al-Baqara* wird jedoch aus der Perspektive der Engel überliefert, dass dieses Wissen nicht absolut und unbegrenzt ist: „*(Oh Herr), wir schließen Dich von allen Unvollkommenheiten aus. Wir haben nur Wissen von dem, was Du uns lehrst.*" Diese Aussage beweist, dass die Engel nur über das Wissen verfügen, das Allah ihnen gewährt.

Auch die Dschinn verfügen nach islamischen Gelehrten nicht über das Wissen des absoluten *Ghayb*. Trotzdem verfügen sie über mehr Informationen als die Menschen, da sie viel länger leben und Informationen von den Engeln erhalten.[42] Im 8. und 9. Vers der *Sura al-Dschinn* des heiligen Qur´ans wird verkündet, dass die Dschinn zuvor Informationen vom Himmel erhielten, diese aber jetzt verhindert werden. Die *Sura as-Saba* verkündet, dass die fleißig arbeitenden Dschinn nicht bemerkt haben, dass Süleyman/Salomon (as.) verstor-

---

41 Al-Baqara, 2/30.
42 Ahmet Saim Kılavuz, "Cin", DİA, c. 8, s. 9.

ben war und betont damit, dass die Dschinn nicht über das Wissen des *Ghaybs* verfügen.⁴³

Warum hat Allah den Teufel erschaffen?

Die Erschaffung des Teufels darf nicht damit assoziiert werden, dass unser Schöpfer den Menschen das Schlechte wünscht, oder dass die Menschen durch den Teufel viel leichter Fehler begehen sollen. Es gibt viele Weisheiten/Gründe in der Erschaffung des Universums und ihrer Bestandteile, die wir zum einen kennen und zum anderen nicht kennen. Die Erschaffung des Teufels verbirgt ebenfalls solche Weisheiten/Gründe. Eines dieser kann aus der Perspektive der Menschen wie Folgt erläutert werden:

Die Menschen existieren auf dieser Welt aufgrund einer Prüfung. Die Prüfung dagegen erfordert, dass sowohl das Gute als auch das Böse erkennbar und wählbar ist. Damit wir diese Unterschiede verstehen und das Richtige vom Falschen unterscheiden können, hat unser Schöpfer die Existenzen gegensätzlich erschaffen. Dementsprechend wurde der Teufel als gegensätzliche Alternative zu den Engeln erschaffen, die das Gute, Richtige und Schöne bevorzugen und empfehlen.

Die Beziehung zwischen den Menschen und dem Teufel wird im heiligen Qur´an immer als ein Kampf beschrieben und so dargestellt. Der Teufel versucht die Menschen zu täuschen, sie in die Irre zu führen und sie von ihrem Schöpfer zu distanzieren.⁴⁴ Wohingegen unser Schöpfer und unser Prophet (saw.) an den Menschen appellieren, vorsichtiger gegenüber

---
43 As-Saba', 34/14.
44 An-Nisa, 4/60; al- A'raf, 7/16-17-18; al-Anfal, 8/48; an-Naml, 27/24 usw.

DER GLAUBE AN DIE ENGEL

den Tricks und den Fallen des Teufels zu sein, seinen Verheißungen nicht zu vertrauen und Zuflucht vor dem Bösen bei unserem Schöpfer zu suchen.[45] Dieser Kampf sollte als eine Notwendigkeit der irdischen Prüfung für das Paradies betrachtet werden.

Unser Schöpfer hat für uns Menschen das Gute und das Böse erschaffen, zudem Propheten und Bücher gesandt, die uns erklären, was das Gute ist; sie zeigten uns das Böse, und erklärten uns, wie wir uns von dem Bösen schützen können. Das so festgelegte Verfahren kann mit der Situation eines Schülers verglichen werden, der eine Prüfung ablegt. Der Schüler, der durch einen Lehrer belehrt wurde, die erforderlichen Ressourcen erhalten hat und letztendlich die Prüfung belegt, hat in der Prüfung neben der richtigen Antwort zusätzlich mehrere falsche Antwortmöglichkeiten. Diese Situation kann nicht so bewertet werden, als wollte der Lehrer, dass der Schüler einen Fehler macht. Im Gegenteil, der Lehrer lieferte die notwendigen Informationen zu den Prüfungsfragen, gab die Quellen an und erwähnte auch mögliche Situationen, die zu falschen Antworten führen könnten. Gerade die falschen Antwortmöglichkeiten in einer Prüfung sind die Voraussetzungen für das Prüfungsverfahren.

Zu welchen Wesen gehört der Teufel? Ist er ein Dschinn oder ein Engel?

Existenzen können in Bezug auf ihr Wesen in zwei Kategorien gliedert werden: *„Kesif-"* (intensive/materielle) und *„Latif-"* (subtile/immaterielle) Wesen. Alle leblosen Wesen,

---

45 Al-A'raf, 7/200-201; al-Mu'minun, 23/97-98; al-Fussilat, 41/36.

Pflanzen, Tiere und Menschen sind *Kesif*-Wesen. Die Dschinn, der Teufel und die Engel dagegen sind *Latif*-Wesen.

Die Dschinn sind metaphysische Wesen, die genauso wie die Menschen auch ein Bewusstsein und eine Willenskraft besitzen und verpflichtet sind, den göttlichen Geboten zu gehorchen; zudem werden sie als Gläubige und Ungläubige in unterschiedliche Gruppen aufgeteilt.[46] Die Dschinn sind aus reinem[47] und rauchfreiem[48] Feuer erschaffene Wesen, die genauso wie Menschen essen und trinken, heiraten und sich fortpflanzen, die männlichen und weiblichen Geschlechts sind und denen ebenfalls Propheten gesandt wurden.[49]

Die Engel wurden aus „*NUR*" (Licht) erschaffen und weil sie stets unserem Schöpfer gehorchen, unterscheiden sie sich von den Dschinn und dem Teufel. Die Engel haben spezifische Eigenschaften und Pflichten. Sie dürfen niemals mit negativen Situationen, wie Irrtümern, Bösem und Fehlern etc. in Verbindung gebracht werden.

Über den, aus dem Feuer erschaffenen,[50] Teufel wird im heiligen Qur´an an 88 Stellen berichtet (davon an 18 Stellen im Plural und an 11 Stellen als *Iblis*). In den neun Versen, worin über Engel berichtet wird, die sich in Folge Adams Erschaffung vor ihm niederwerfen sollten, wird der Teufel als „*Iblis*" (Satan) betitelt und in den Versen, in denen offenbart wird, dass er sich feindlich gegenüber den Menschen verhält und sie mit vielfältigen Tricks und Fallen betrügt,

---

46 M. Süreyya Şahin, "Dschinn", *DİA*, c. 8, s. 5.
47 Ar-Rahman, 55/15.
48 Al-Hidschr, 15/27.
49 A. Saim Kılavuz, "Cin", DİA, c. 8, s. 8.
50 Al-A'raf, 7/12; al-Hidschr, 15/27; Müsned, VI, 152, 168; Müslim, Zühd, 60.

wird er als „Teufel" (*Schaytan*) bezeichnet.[51] Dass der *Iblis* zu den Dschinn gehört, offenbart unser Schöpfer wie folgt: *„Und als Wir zu den Engeln sprachen: ‚Werft euch vor Adam nieder!' - da warfen sie sich nieder, außer Iblis, welcher eines der Geistwesen war und gegen seines Herrn Befehl rebellierte. Oh Menschen! Wollt ihr denn ihn und seine Nachkommenschaft an Meiner Stelle zu Beschützern nehmen, wo sie euch feind sind? Ein schlimmer Tausch für die Sünder!"*[52] Nur weil der Teufel sich unter den Engeln befand, als unser Schöpfer den Engeln befahl, sich vor Adam niederzuwerfen, ist dies kein Beweis dafür, dass der Teufel ein Engel ist. Denn die Engel widersprechen Allah nicht, da sie erschaffen wurden, um die Gebote Allahs zu befolgen; *Iblis* hingegen widersetzte sich Allah und beharrte auf seinen Ungehorsam.

Im heiligen Qur´an wird offenbart, dass der Teufel unbändig, hinterhältig, irreführend und provokativ ist und es wird auf sein Betrug und seine Täuschung hingewiesen,[53] außerdem wird befohlen, sich von ihm zu distanzieren und vor dem Bösem Zuflucht bei Allah zu suchen.[54] Auch in den *Ahadithen* (Überlieferungen) unseres Propheten (saw.) wird darauf hingewiesen, dass das schlechte Verhalten der Menschen vom anspornenden und betrügerischen Treiben des Teufels beeinflusst wird.[55] Mit all diesen Eigenschaften lädt der Teufel einerseits die Menschen ein, Böses und Falsches zu tun, Sünden zu begehen und verhindert andererseits den Menschen daran, seine Pflichten (Glaubenspraxis/Gebete/Gottesdienste) gegenüber seinem Schöpfer zu erfüllen und sich so von Ihm zu distanzieren.

---

51 İlyas Çelebi, "Şeytan", DİA, c. 39, s. 99.
52 Al-Kahf, 18/50.
53 An-Nisa, 4/60; al-A'raf, 7/16-17-18; al-Anfal, 8/48; an-Naml, 27/24 vd.
54 Al-A'raf, 7/200-201; al-Mu'minun, 23/97-98; al-Fussilat, 41/36.
55 İlyas Çelebi, "Şeytan", DİA, c. 39, s. 100.

Letztendlich befindet sich der Teufel bezüglich seiner Wesensart in derselben Kategorie wie die Engel und die Dschinn. Ebenso gleicht sein Schöpfungsmaterial (Feuer) den Dschinn. Trotzdem unterscheidet er sich bezüglich seiner oben genannten Eigenschaften und seiner Beziehung zu den Menschen von den Engeln und den Dschinn.

Können die Teufel und die Dschinn den Menschen schaden?

Die Dschinn sind spirituelle, geistige und geheime Wesen, die nicht mit den Sinnen erfassbar sind, verschiedene Formen/Gestalten annehmen können und aus dem Feuer erschaffen wurden. Die Dschinn, welche mit dem Auge nicht erfassbar sind, die bezüglich des Bösen zu weit gehen, die hochmütig und rebellisch sind und die Menschen versuchen Irre zu führen, werden „Teufel" genannt.

Unsere Informationen über die Dschinn und die Teufel basieren auf den heiligen Qur´an und den *Ahadithen* (Überlieferungen). Der Erschaffungsgrund der Dschinn gleicht dem der Menschen: Die Dienerschaft/das Gehorsam Allah gegenüber.[56] So wie es gläubige Dschinn gibt, die gute Taten vollbringen, so gibt es auch ungläubige Dschinn/Teufel, die verhindern wollen, dass der Mensch gute und rechtschaffene Taten vollbringt.

Nichts kann einem Menschen schaden, der Zuflucht bei Allah sucht; denn ein Muslim, der aufrichtig glaubt, weiß, dass ihm niemand, ohne die Erlaubnis Allahs Nutzen oder Schaden zufügen kann.[57] Jene, die Zuflucht bei den Dschinn

---

56 Az-Zariyat, 51/56.
57 Yunus, 10/107.

suchen, sich mit ihnen in Verbindung setzen und sie um Hilfe bitten, könnten aufgrund dieses falschen Verhaltens spirituellen und physischen Schaden erleiden.

Ein Muslim sucht Zuflucht vor dem Schaden der Dschinn und der Teufel bei Allah, genauso wie er Zuflucht bei Allah vor allen Arten des Bösen sucht, und er fürchtet sich nicht vor ihnen. Es wird empfohlen Suren, wie *Ayat-al-Kursi, al-Falaq* und *an-Nas* zu rezitieren, die schützende Eigenschaften haben,[58] um sich vor den Schäden der Dschinn zu schützen.[59]

Wer sind die Freunde des Teufels?

Unser Schöpfer offenbart im heiligen Qur´an, dass der Teufel Befürworter,[60] ein Heer[61] und Freunde[62] hat. Dementsprechend gehören diejenigen, die nicht glauben,[63] die den Irrtum statt der Erleuchtung/Rechtleitung bevorzugen,[64] die Allah nicht gedenken (*Dhikr*),[65] die ihre Triebseele/ihr Ego (*Nafs*) nicht vor dem Bösen und den Sünden fernhalten,[66] die den Weg der Vermutung und Einflüsterung/Täuschung bevorzugen,[67] die ohne Wissen über Allah diskutieren,[68] die der Einladung des Teufels folgen,[69] die ihr Eigentum verschwenden und zur Schaustellung ausgeben,[70] zu den Freunden des Teufels.

....
58 İbn Hanbel, IV, 144, 146; Buhârî, Vekâlet, 10.
59 Ahmet Saim Kılavuz, "Dschinn", *DİA*, c. 8, s. 8-10.
60 Al-Mudschadala, 58/19.
61 Asch-Schuara, 26/95.
62 An-Nisa, 4/76; al-An'am, 6/121; al-Hadsch, 22/4.
63 Al-A'raf, 7/27-30.
64 Al-A'raf, 7/30.
65 Az-Zuhruf, 43/36.
66 An-Nur, 24/21.
67 An-Nisa, 4/120.
68 Al-Hadsch, 22/3.
69 Ibrahim, 14/22.
70 Al-Isra, 17/27.

Generell gehören diejenigen, die nicht an Allah glauben, Seinen Geboten nicht gehorchen und sich Ihm widersetzen zu den Feinden Allahs und dementsprechend zu den Freunden des Teufels.

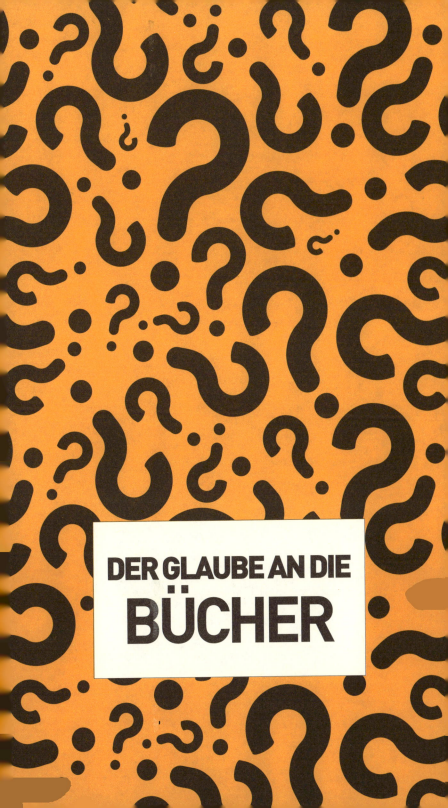

DER GLAUBE AN DIE BÜCHER

Was bedeutet der Glaube an die Bücher?

Der Glaube an die Bücher umfasst den aufrichtigen Glauben daran, dass Allah Seine göttlichen Gebote und Verbote einigen Seiner Propheten in Form von Seiten und Büchern herabgesandt hat, und dass es sich dabei um Seine Worte/Offenbarungen handelt und diese dementsprechend vollständig der Wahrheit entsprechen.

Die göttlichen Schriften werden in Bezug auf ihr Umfang und Inhalt in zwei Kategorien unterteilt: „Seiten" (*Sahife/Suhuf*) und „Bücher". Die inhaltlich kleineren Bücher und heilige Schriften, die unser Schöpfer an kleine Gemeinden gesandt hat, um ihre Bedürfnisse (nach göttlicher Führung) zu decken, werden „*Sahife/Suhuf*" genannt. Schriften, die umfangreichere und universellere Botschaften als die *Suhuf* enthalten, werden als „Bücher" bezeichnet.[1]

Im heiligen Qur´an wird offenbart, dass an Abraham/*Ibrahim* (as.) und an Moses/*Musa* (as.) die *Suhuf* gesandt wurden.[2] In den *Ahadithen* (Überlieferungen) dagegen wird übermittelt, dass an Set/*Schiet* (as.) 50, an Enoch/*Idris* (as.) 30, an Abraham/*Ibrahim* (as.) 10 und an Moses/*Musa* (as.) noch vor der Thora 10 Seiten gesandt wurden.[3] Jedoch erreichte keiner dieser Seiten unsere Gegenwart.

---

1 İlyas Üzüm, "Bücher", *DİA*, c. 26, s. 121; Ömer Dumlu, "Suhuf", *DİA*, c. 37, s. 477.
2 An- Nadschm, 53/36-37; ak-A'la, 87/14-19.
3 İbn Hibbân, *Sahîh*, II, 276.

Die heiligen Bücher umfassen dagegen folgende vier Bücher:

Die Thora,[4] die an Moses/*Musa* (as.) gesandt wurde, die Psalmen,[5] die an David/*Davud* (as.) gesandt wurden, die Bibel,[6] die an Jesus/*Isa* (as.) gesandt wurde und zuletzt der heilige Qur´an,[7] der an unseren Propheten (saw.) gesandt wurde.

Auf welcher Weise erreichten die Bücher die Propheten?

Unser Schöpfer übermittelte den Propheten die heiligen Bücher durch die Offenbarung. „Die Offenbarung", die lexikalisch „schnell und heimlich übermitteln", „zeigen" und „inspirieren" bedeutet, definiert als islamischer Terminus „die heimliche Übermittlung der Gebote Allahs, Seine Bestimmungen oder Botschaften an Seine Propheten."[8]

Im heiligen Qur´an heißt es, dass die Sendung Allahs Befehle an die Menschen, durch „die Offenbarung", „hinter einem Schleier sprechen", „Boten zu senden und so Seine Worte zu verkünden" geschieht. *„Und es steht keinem Menschen zu, dass Allah mit ihm spricht, es sei denn durch Eingebung oder hinter einem Schleier oder durch Entsendung eines Gesandten, um auf Sein Geheiß zu offenbaren, was Er will."*[9] Der erste Weg besteht darin, dass Allah durch die Offenbarung spricht; dies geschieht, indem das göttliche Wort mit einem verborgenen Zeichen in das Herz des Propheten eingegeben und es ohne einen Boten gelehrt wird. Bei dieser

---

4 Al-Maida, 5/44.
5 An-Nisa, 4/163; al-Isra, 17/55.
6 Al-Maida, 5/110; al-Hadid, 57/27.
7 Al-i Imran, 3/3; an-Nisa, 4/47 vd.
8 Yusuf Şevki Yavuz, "Vahiy", DİA, c. 42, s. 440.
9 Asch-Schura, 42/51.

Art der Offenbarung ist der Prophet bei Bewusstsein. Die Offenbarung wird ohne einen Vermittler in das Herz des Propheten eingegeben. Der zweite Weg der Offenbarung besteht darin, dass hinter einem Schleier kommuniziert wird, wie zum Beispiel das Gespräch Allahs mit Moses (as.) auf dem Berg Sinai.[10] Bei dieser Art der Offenbarung spricht unser Schöpfer den Propheten an. Er (der Prophet) spricht seinen Herrn an; sieht Ihn jedoch nicht. Der dritte Weg der Offenbarung dagegen geschieht durch einen Boten. Allah offenbart den Propheten das, was Er will durch den Offenbarungsengel Gabriel/*Dschabrail* (as.).[11]

Warum hat Allah mehrere Bücher gesandt?

Allah sandte jeder Gesellschaft einen Propheten aus ihrer Mitte und offenbarte ihnen mit den heiligen Büchern Seine Gebote, entsprechend ihren Bedürfnissen und dem Niveau der Ära, in der sie lebten. Im heiligen Qur´an wird überliefert, dass seit Adam (as.) bis zum letzten Propheten Muhammed (saw.) sehr viele Propheten gesandt wurden und diese in ihrer Lebenszeit ihrer Offenbarungspflicht nachgegangen sind, indem sie die Menschen zum „Glauben an keine andere Gottheit außer Allah" einluden.

Jedes der heiligen Bücher hat die Offenbarungen der früheren Schriften bestätigt.[12] Während die unveränderlichen Glaubensgrundsätze der Religion in ihrer Dimension für die gesamte Menschheit vom ersten bis zum letzten Buch klar und deutlich definiert wird, stimmen die Bestimmungen – bezüglich des Wissens, Anbetung/Glaubenspraxis und

---

10 Al-Qasas, 28/30.
11 Yusuf Şevki Yavuz, "Vahiy", DİA, c. 42, s. 440.
12 Al-i Imran, 3/3-4.

Moral, welche von der Tragweite her parallel zur Menschheitsentwicklung der Zeit stehen – gemäß den menschlichen Bedürfnissen und Bedingungen im Einklang mit Allahs Ermessen überein; dies dauerte bis zur Offenbarung des heiligen Qur´ans an.

In jedem Zeitalter unterschieden sich die psychischen, sozialen und physischen Bedürfnisse, ihr Wahrnehmungsniveau und die Zivilisation der Menschen. Trotzdem bedarf der Mensch in jedem Zeitalter einer Religion, weshalb es vom ersten Menschen bis hin zur Gegenwart immer wieder zum Bestreben kam, dieses Bedürfnis zu decken. In den heiligen Schriften, die Allah vor dem heiligen Qur´an sandte, wies Allah den Gläubigen Anbetung/Glaubenspraxis, Verantwortung und Pflichten entsprechend ihrem Verständnis, ihren Fähigkeiten und ihren soziokulturellen Merkmalen zu. Während Adam (as.), dem ersten Propheten, ein 10-seitiges Schriftstück gesandt wurde, welche er an seine Gesellschaft vermitteln sollte, wurden David (as.), Moses (as.) und Jesus (as.) statt Schriftstücke, heilige Bücher gesandt.

Der letzte Prophet der Menschheit ist Muhammed (saw.) und das letzte Buch ist der heilige Qur´an.[13] Der heilige Qur´an ist ein universelles heiliges Buch, das die Fragen und Bedürfnisse aller Menschen bis zum Tag des Jüngsten Gerichts beantwortet, und das nicht verändert werden kann. Der Schutz des heiligen Qur´ans unterscheidet sich vom Schutz der anderen heiligen Bücher. Denn Allah, Ta´ala übernimmt persönlich seinen Schutz.[14] Der Gesandte Allahs, Muhammed (saw.), ist nicht nur der Prophet einer Gesellschaft, sondern der Prophet der ganzen Menschheit bis zum Weltuntergang. Mit dem heiligen Qur´an wurde der Kreis der heiligen Bü-

---
13 Al-Ahzab, 33/40.
14 Al-Hidschr, 15/9.

cher abgeschlossen. Unser Prophet (saw.) betonte dies wie folgt: *„Ich bin wie ein Ziegelstein (der letzte, noch fehlende Ziegelstein eines perfekten Gebäudes, der diesen abschließt), der Letzte aller Propheten."*[15] Das perfekte Gebäude, welches seit dem Beginn der Menschheitsgeschichte konstruiert wird, wurde mit dem letzten Buch, dem heiligen Qur´an und dem letzten Propheten, Muhammed (saw.), abgeschlossen.

Warum ist der heilige Qur´an das letzte Buch?

Der heilige Qur´an ist das Buch, welches an die gesamte Menschheit gesandt wurde. Seine Offenbarungen sind universell. Es ist voller Wahrheit und Weisheit, die den Bedürfnissen jedes Zeitalters gerecht wird. Die Gültigkeit seiner Gebote wird bis zum Tag des Jüngsten Gerichts andauern, da er unter dem Schutz Allahs steht.[16] Allah offenbart im heiligen Qur´an, dass Muhammed (saw.) der letzte Prophet ist[17] und mit ihm die Religion vollendet[18] wurde. Die Vollendung der Religion, bedeutet, dass keine weitere/neue Religion mehr gesandt wird und die Gültigkeit der Gebote im letzten Buch Allahs bis zum Tag des Jüngsten Gerichts andauern werden, und der heilige Qur´an aus diesem Grund das letzte Buch ist.

---

15 Müslim, Fezâil, 22.
16 Al-Hidschr, 15/9.
17 Al-Ahzab, 33/40.
18 Al-Maida, 5/3.

DIE GLAUBENSFRAGEN DER JUGEND

Warum müssen wir an die Thora und die Bibel glauben, wenn doch der heilige Qur´an das letzte Buch ist?

Das letzte heilige Buch für die Menschheit ist der heilige Qur´an. Genauso wie wir von Adam (as.) bis Muhammed (saw.) an alle Propheten glauben, so ist es auch eine Voraussetzung unseres Glaubens, an die Bücher zu glauben, welche an diese Propheten gesandt wurden.[19] Außerdem ist der Glaube an die heiligen Bücher nicht nur mit dem Glauben an die Thora und an die Bibel begrenzt. Er umfasst alle heiligen Seiten und Schriftstücke, welche an die Propheten gesandt wurden. Denn es handelt sich auch bei diesen Büchern, genauso wie bei dem heiligen Qur´an um Offenbarungen, welche durch den Boten Gabriel/*Dschabrail* (as.) an die Menschen gesandt wurden, die in dem Zeitalter lebten. Wir glauben zwar daran, dass es sich hierbei um göttliche Bücher handelt, bewerten deren

Inhalte jedoch mit Vorsicht, da uns bewusst ist, dass die originalen Schriftstücke nicht bis zur heutigen Zeit erhalten geblieben sind und somit Aberglaube/Falschglaube hinzugefügt wurde. Der Appell unseres Propheten (saw.) lautet wie folgt: „*Ihr sollt die Überlieferungen der ‚Leute des Buches' (Ahl a-Kitab/der Juden und Christen) weder bestätigen noch leugnen. Sprecht: ‚Wir glauben an Allah und an das, was auf uns herabgesandt worden ist und was auf Abraham und Ismael und Isaak und Jakob und die Stämme herabgesandt worden war und was Moses und Jesus und den Propheten von ihrem Herrn gegeben wurde. Wir machen keinen Unterschied zwischen einem von ihnen, und Ihm sind wir ergeben.'*"[20]

---

19 Al-Baqara, 2/285; Al-i Imran, 3/84.
20 Al-Baqara, 2/136; Buhârî, Tefsîr, (Baqara) 11.

Woran erkenne ich, dass der heilige Qur´an ein heiliges Buch ist?

Es ist eine Voraussetzung unserer Religion, daran zu glauben, dass der Qur´an ein heiliges Buch ist. Darüber hinaus kann seine Sendung und Heiligkeit sowohl durch historische Erfahrung als auch durch die Vernunft bewiesen werden.

Derjenige, der an die Bücher glaubt, bestätigt von ganzem Herzen, dass der heilige Qur´an von Allah gesandt wurde, sein Inhalt authentisch/wahrhaftig ist und wird dem nicht widersprechen.

Die historische Erfahrung belegt, dass Allah seit Beginn der Menschheitsgeschichte Seine Gebote und Verbote in Form von Schriftstücken und Büchern herabgesandt hat. Es ist durch die historische Erfahrung belegt, dass der heilige Qur´an das Letzte dieser Bücher ist.

Unser Herr verlangt von den Leugnern/Zweiflern eine ähnliche Version des heiligen Qur´ans, wie zum Beispiel vergleichbare Suren oder Verse hervorzubringen. Seit vierzehn Jahrhunderten hat jedoch keine Person oder Gruppe es geschafft, dieser Aufforderung (!) unseres Schöpfers in Bezug auf den Inhalt oder Stil des heiligen Qur´ans nachzukommen, und wird dies auch nie tun können.

Mit Vernunft betrachtet ist der heilige Qur´an, im Vergleich zu den anderen Büchern, ein perfektes, ganzheitliches und konsequentes Buch sowohl in Bezug auf seinen Stil als auch inhaltlich, sodass es in keinster Weise das Wort eines Menschen oder durch menschliches Einwirken entstanden sein kann. Dies ist ein Hinweis auf seine Heiligkeit.

DIE GLAUBENSFRAGEN DER JUGEND

Diese Eigenschaften werden im heiligen Qur´an des Öfteren erwähnt. Zunächst fordert unser Schöpfer mit folgenden Versen diejenigen heraus, die glauben, dass der heilige Qur´an durch menschliches Einwirken entstanden ist und somit frei erfunden sei: *„Sprich: ‚Wenn ihr auf diesen Anspruch besteht, so bringt doch ein Buch von Allah herbei, dass eine bessere Rechtleitung als diese beiden (Thora und Qur´an) enthält. Ich will ihm folgen, falls ihr die Wahrheit sagt!'"*[21]

„Sprich: ‚Wahrlich! Selbst wenn sich Menschen und Dschinn zusammentäten, um einen Koran wie diesen hervorzubringen, brächten sie nichts Gleiches hervor, auch wenn die einen den anderen beistünden.'"[22]

„[...] Sollen sie doch eine Verkündigung wie diese hervorbringen, wenn sie die Wahrheit sagen!"[23]

„Oder sie behaupten: ‚Er hat ihn zusammengedichtet!' Sprich:

‚So bringt zehn gleichwertige Suren herbei, (von euch) erdichtet, und ruft dafür an, wen ihr könnt — außer Allah - sofern ihr wahrhaft seid."[24]

Viele Dichter, die auch Muslime waren, die in dem Zeitalter lebten, in dem der heilige Qur´an offenbart wurde, bezeugten, dass die literarischen Inhalte des heiligen Qur´ans keine menschlichen Worte sein können und der Qur´an deswegen ein göttliches Schriftstück sein muss. Einer der berühmtesten und talentiertesten Dichter dieser Zeit, *Lebid b. Rebia*, drückte seine Hilflosigkeit angesichts der Verse, wie

---

21 Al-Qasas, 28/49.
22 Al-Isra, 17/88.
23 At-Tur, 52/34.
24 Hud, 11/13.

folgt aus: *"Ich kann keine Gedichte mehr sagen, nachdem der allmächtige Allah mich über die Suren al-Baqara und die Al-i Imran unterrichtet hat."*[25]

Welche Eigenschaften unterscheiden den heiligen Qur´an von den anderen heiligen Büchern?

Die Eigenschaften, welche den Qur´an von den anderen heiligen Büchern unterscheiden, können wie folgt zusammengefasst werden:

1. Die anderen heiligen Bücher wurden als Ganzes auf einmal herabgesandt. Der heilige Qur´an hingegen wurde unserem Propheten (saw.) in seiner 23-Jahre andauernden Zeit als Prophet Vers für Vers oder Sure für Sure herabgesandt.

2. Da der heilige Qur´an das letzte göttliche Buch ist, bestätigt und vollendet es die zuvor herabgesandten Bücher. Denn diese Bücher konnten uns in ihrer ursprünglichen Form nicht erreichen. Dementsprechend informiert uns der heilige Qur´an über alle Verfälschungen der vorherigen Bücher.

3. Der heilige Qur´an ist das letzte göttliche Buch. Nach ihm kommt kein weiteres Buch. Aus diesem Grund gilt die Gültigkeit seiner Gebote bis zum Tag des Jüngsten Gerichts. Die Gebote der anderen heiligen Bücher sind jedoch nicht mehr gültig.

---

25 Mehmet Yolcu, "Lebid b. Rebi'a ve Tevhide Çağıran Şiiri", *Hikmet Yurdu*, 2008, cilt: I, sayı: 2, s. 125.

4. Der heilige Qur´an erreichte uns bis zum heutigen Tage ohne jegliche Verfälschung und/oder Veränderung.

5. Jedem Propheten wurden Wunder gewährt, die sein Prophetentum belegen. Der heilige Qur´an wurde an Muhammed (saw.) herabgesandt und ist das größte Wunder, welches sein Prophetentum belegt.

6. Dem heiligen Qur´an wurde, im Gegensatz zu den anderen Büchern, die Eigenschaft verliehen, leichter auswendig gelernt zu werden.

Die anderen heiligen Bücher wurden nicht zur Zeit ihrer Propheten niedergeschrieben. Der Inhalt des heiligen Qur´ans dagegen wurde zu der Zeit unseres Propheten niedergeschrieben.[26]

Woher weiß ich, dass der heilige Qur´an geschützt wird und unverändert unsere Gegenwart erreicht hat?

Der heilige Qur´an ist das letzte Buch, welches unser Schöpfer für die gesamte Menschheit bis zum Tag des Jüngsten Gerichts herabgesandt hat. Unser Prophet (saw.) ließ jeden offenbarten Vers niederschreiben. Zudem lernten die Gefährten des Propheten diese auswendig und rezitierten sie im Gebet. Außerdem wurden die herabgesandten Verse des heiligen Qur´ans unter der Anleitung unseres Propheten (saw.) ausgelebt und prägten somit das Leben der Muslime in Bezug auf den Glauben und der Glaubenspraxis.

....
26 Ömer Faruk Harman, "Kur'an", DİA, c. 26, s. 412-414.

DER GLAUBE AN DIE BÜCHER

Da die Offenbarung bis zum Ableben unseres Propheten andauerte, war es nicht möglich, den heiligen Qur´an zu bündeln zu einem Buch zu binden. Nach dem Ableben unseres Propheten (saw.) jedoch wurden die unstrukturierten, aber bereits niedergeschriebenen Verse in der Kalifatszeit des ersten Kalifen *Abu Bakr* (ra.) zu einem Buch (*Mushaf*) gefasst. In der Zeit des zweiten Kalifen, *Umar* (ra.) wurden mehrere Kopien des heiligen Qur´ans benötigt, da die islamische Geografie expandierte. Danach wurde der heilige Qur´an in der Zeit des dritten Kalifen *Uthman* (ra.) reproduziert, indem von der ersten Qur´an-Version, die *Mushaf* genannt wird, Kopien erstellt wurden.

Die reproduzierten Qur´an-Kopien wurden nach Mekka, Kufa, Basra, Damaskus, Bahrain und Jemen verschickt. Die Muslime reproduzierten den heiligen Qur´an basierend auf diese Kopien und bildeten aus jeder Generation „*Huffaz*" (Plural für *Hafız: jene, die den gesamten Qur´an auswendig kennen*) aus, sodass der heilige Qur´an unverändert unsere Gegenwart erreichte. Heute sieht man überall auf der Welt, dass alle Exemplare des heiligen Qur´ans, die gelesen, auswendig gelernt oder gedruckt werden, gleich sind.

Zudem verkündet unser Schöpfer, dass der heilige Qur´an unter Seinem persönlichen Schutz steht, wie folgt: *„Wahrlich, Wir sandten das Buch herab, und Wir wollen fürwahr ihr Bewahrer sein."*"[27] Dieser Verkündung Allahs, Dem Allmächtigen, ist die größte Gewissheit für Muslime, dass der heilige Qur´an unverändert unsere Gegenwart erreicht hat.[28]

---

27 Al-Hidschr, 15/9.
28 Abdülhamit Birışık, "Kur'an", DİA, c. 26, s. 383-388.

Schadet es unserem Glauben, wenn einige Verse des heiligen Qur´ans geleugnet werden?

Eines der Glaubensvoraussetzungen ist der Glaube an die Bücher. Dementsprechend ist ein Muslim verpflichtet an die gesamten Bücher, die von Allah an Seine Propheten herabgesandt wurden, in ihrer ursprünglichen Form zu glauben. Der heilige Qur´an ist die Botschaft Allahs, welche durch unseren Propheten (saw.) an die Menschheit verkündet wurde, um ihnen den richtigen Weg aufzuzeigen. Unser Schöpfer ordnet mit folgenden Worten an, dass zwischen den Versen gar keine Unterschiede gemacht werden darf: *„Glaubt ihr denn nur an einen Teil der Schrift und leugnet einen anderen?"*[29] Da es undenkbar ist, dass Allah, Der Allmächtige, Der den heiligen Qur´an selbst herabgesandt hat und diesen schützt, lügen würde, sind dementsprechend alle Verse im heiligen Qur´an Seine Worte und stehen somit auch unter Seinem Schutz. Aus diesem Grund ist es undenkbar, dass ein Gläubiger nur einen Teil der Verse, die von Allah gesandt wurden, akzeptiert und den anderen Teil leugnet. Es ist eine Voraussetzung des Glaubens, dass wir akzeptieren und glauben, dass der heilige Qur´an vom Anfang bis zum Ende das Wort Allahs ist.

---

29 Al- Baqara, 2/85.

DER GLAUBE AN DIE BÜCHER

Warum wurde der heilige Qur´an nicht auf einmal, sondern Stück für Stück herabgesandt❓

Der heilige Qur´an wurde nicht als ein Ganzes auf einmal offenbart, sondern im Laufe der 23-jährigen Prophetenzeit unseres Propheten (saw.) Sure für Sure und Vers für Vers herabgesandt. Allah, Der Allmächtige, begründet die sukzessive Herabsendung wie folgt: *„Und die Ungläubigen fragen: ‚Warum ist der Qur´an nicht auf einmal (als Ganzes) auf ihn herabgesandt worden?' Wir taten dies, um so dein Herz zu festigen. Und Wir haben ihn in sich stimmig wohlgeordnet."*[30]

Zu der Zeit, als der heilige Qur´an offenbart wurde, brauchte es eine gewisse Zeit, damit die Glaubensinhalte und die Wertvorstellungen, die der Islam in die Herzen der neuen Muslime gebracht hatte, Wurzeln schlagen und sich festigen konnten. Als sich die göttlichen Gebote allmählich in den Köpfen und Herzen der neuen Muslime niederließen, wurde ihre Entwicklung und Anpassung an die Gebote Allahs sichergestellt und dementsprechend fiel es ihnen leichter, die herabgesandten Verse in ihrem Leben anzuwenden, und so wurde ihr Interesse an der Offenbarung immer aufrechterhalten.

Damit wurden denjenigen, die gegenüber unserem Propheten (saw.) und dem heiligen Qur´an feindselig gegenüberstanden, Zeit gewährt, ihre Herzen wurden erobert und bei Bedarf, ihre Fragen beantwortet. In Anbetracht dieser Gründe ist die Notwendigkeit der schrittweisen/allmählichen Herabsendung offensichtlich.[31]

---

30 Al-Furqan, 25/32.
31 Abdülhamit Birışık, "Kur'an", DİA, c. 26, s. 383-388.

Warum wurde der heilige Qur´an nicht in der Reihenfolge der Herabsendung niedergeschrieben?

Der heilige Qur´an, der das Letzte der heiligen Bücher ist, wurde von Allah an Muhammed (saw.) in seiner 23-Jahre andauernden Prophetenzeit herabgesandt. Dieser umfasst 114 Suren und mehr als 6.000 Verse. Die Anordnung der Verse innerhalb der Suren wurde von unserem Propheten selbst mit der Anleitung von *Dschabrails* (Erzengel Gabriel as.) festgelegt. Mit anderen Worten, wurde schon zu der Zeit festgelegt zu welcher Sure der gerade herabgesandte Vers gehört, und hinter bzw. vor welcher Sure, die gerade herabgesandte Sure angeordnet werden muss.

Wir wissen, dass jedes Jahr Gabriel (as.) und unser Prophet (saw.) sich gegenseitig den heiligen Qur´an vorlasen. Wenn die Anordnung der Verse nicht schon zu der Zeit festgelegt worden wäre, so wäre es dem Zuhörer – auch wenn die Inhalte vorgelesen würden – unmöglich, dem Gelesenen folgen zu können. Der heilige Qur´an wurde auf der Grundlage der Anordnung des Propheten (saw.), die er noch vor seinem Ableben festgelegt hatte, zu einem Buch gebunden und diesbezüglich kam es zu keinerlei Meinungsverschiedenheiten.[32]

Warum wurde der heilige Qur´an auf Arabisch herabgesandt?

Alle Propheten sprachen die Sprache der Gesellschaft, zu der sie gesandt wurden, damit sie ihrem Gegenüber die göttliche Botschaft übermitteln konnten. In Bezug auf dieses Thema

---

32 Abdülhamit Birışık, "Kur'an", DİA, c. 26, s. 383-388.

DER GLAUBE AN DIE BÜCHER

verkündet unser Schöpfer Folgendes: *„Und Wir schickten keinen Gesandten, es sei denn in der Sprache seines Volkes, damit er sie (wirksam) aufkläre. Doch Allah lässt irregehen, wen Er will, und leitet recht, wen Er will. Und Er ist der Mächtige, der Weise."*[33] Weil die ersten Ansprechpartner Muhammeds (saw.) Araber waren, wurde der heilige Qur´an auf Arabisch herabgesandt. Würde Muhammed (saw.) aus einer anderen Nation stammen, so wäre der heilige Qur´an auch in der jeweiligen Sprache herabgesandt worden. Der hier zu beachtende Punkt ist die Universalität der göttlichen Botschaft, unabhängig davon, in welcher Sprache sie gesandt wurde.

Unser Schöpfer betont, dass der heilige Qur´an als Leitfaden zur Rechtleitung für die gesamte Menschheit gesandt wurde.[34] Die Tatsache, dass der heilige Qur´an auf Arabisch herabgesandt wurde, ist kein Hindernis für seine Universalität und hindert die Nicht-Araber nicht daran, es zu verstehen. Unser Schöpfer verkündet im heiligen Qur´an Folgendes: *„Es ist ein Buch, das auf Arabisch gelesen wird und dessen Verse für diejenigen klargemacht werden, die es wissen wollen."*[35] Allah Ta´ala sandte Sein letztes Buch, welches der Menschheit als Leitfaden dienen soll, auf Arabisch und offenbarte es so, dass alle Menschen ihn verstehen können, wenn sie daran interessiert sind.

Zusammengefasst bedeutet dies, dass der heilige Qur´an auf Arabisch herabgesandt wurde, weil Muhammed (saw.) und die damaligen Adressaten der göttlichen Sendung Araber waren. Der heilige Qur´an ist eine universelle Botschaft, welche als Leitfaden zur Rechtleitung dient.

---

33 Ibrahim, 14/4.
34 Al-Baqara, 2/185.
35 Fussilat, 41/3. Siehe auch bezüglich der arabischen Sprache des Qur´ans. Yusuf, 12/2; ar-Ra'd, 13/37; Taha, 20/113; az-Zumar, 39/28; asch-Schura, 42/7; az-Zuhruf, 43/3; al-Ahkaf, 46/12.

Warum erwähnt sich Allah im heiligen Qur´an manchmal in der „Ich-" und manchmal in der „Wir"-Form?

Manchmal benutzt Allah im heiligen Qur´an für sich selbst das Pronomen *Ich* und manchmal das Pronomen *Wir*. Zum Beispiel benutzt Er in dem folgenden Vers das Pronomen Ich: *„Und wenn dich Meine Diener nach Mir fragen, siehe, Ich bin nahe. Ich will dem Ruf des Rufenden antworten, sobald er Mich ruft. Doch auch sie sollen Meinen Ruf hören und an Mich glauben; vielleicht schlagen sie den rechten Weg ein."*[36]
In einem anderen Vers dagegen verkündet Er Folgendes und nutzt dabei das Pronomen Wir: *„Wir haben ihn (den Qur´an) wahrlich in der Nacht des Qadr (Schicksals) herabgesandt."*[37]
Es können weitere Beispiele aufgeführt werden.

Das Pronomen „Wir" drückt im heiligen Qur´an nicht den Plural aus. Dies hängt nur mit dem Stil des Qur´ans zusammen. Diese Ausdrucksform spiegelt die Herrlichkeit und Allmacht Allahs wider.

Es ist vergleichbar mit dem Pronomen „Sie", statt „Du" gegenüber einzelnen Personen als Zeichen des Respekts. Allah, Der Allmächtige, der Schöpfer aller Dinge, verdient mehr Respekt als jeder andere. Sobald das Pronomen „Wir" im heiligen Qur´an in Bezug auf Allah verwendet wird, drückt es nicht den Plural, sondern die Größe und Herrlichkeit Allahs aus.[38]

....
36 Al-Baqara, 2/186.
37 Al-Qadr, 97/1.
38 Ahmed Deedat, *Mucizeler Mucizesi Kur'an*, çev. Yusuf Balcı, İnkılab Yayınları, İstanbul, 1992, s. 74.

DER GLAUBE AN DIE BÜCHER

Was bedeutet: „Der heilige Qur´an ist ein Wunder"?

Dass der heilige Qur´an ein Wunder ist, bedeutet, dass kein ähnliches Werk zustande kommen kann. Der heilige Qur´an ist sowohl in Bezug auf seinen Wortlaut (d.h. die Wörter und Sätze) als auch in Bezug auf seine Bedeutung, ein Wunder. Die Tatsache, dass es bezüglich seines Wortlauts ein Wunder ist, bedeutet, dass die Menschen nicht in der Lage sind, seinesgleichen hervorzubringen. Diesbezüglich verkündet unser Schöpfer Folgendes: *„Oder sie sagen: ‚Er hat ihn selbst verfasst!' Nein! Sie wollen gar nicht glauben! Sollen sie doch eine Verkündigung wie diese hervorbringen, wenn sie die Wahrheit sagen!"*[39]

„Oder sie behaupten: ‚Er hat ihn zusammen gedichtet!' Sprich: ‚So bringt zehn gleichwertige Suren herbei, (von euch) erdichtet, und ruft dafür an, wen ihr könnt — außer Allah - sofern ihr wahrhaft seid. Und wenn sie euch nicht erhören, dann wisst, dass er aus Allahs Weisheit hinabgesandt wurde und dass es keinen Gott außer Ihm gibt. Wollt ihr euch nicht (Allah) ergeben?'"[40]

„Und dieser Koran konnte von niemand ersonnen werden, außer von Allah. Er ist eine Bestätigung dessen, was ihm vorausging, und — kein Zweifel ist daran - eine (vollständige) Darlegung der (schriftlichen) Offenbarungen des Herrn der Welten. Dennoch sagen sie: ‚Er (Muhammed) hat ihn sich ausgedacht!' Sprich: ‚So bringt (wenigstens) eine einzige ebenbürtige Sure hervor, und ruft dafür an, wen ihr könnt - außer Allah -, sofern ihr wahrhaftig seid.'"[41]

---

39 At-Tur, 52/33-34.
40 Hud, 11/13-14.
41 Yunus, 10/37-38, siehe auch al-Baqara, 2/23-24.

In den oben genannten Versen fordert unser Schöpfer geradezu diejenigen heraus, die behaupten, dass der heilige Qur´an von Muhammed (saw.) frei erfunden wurde. Wie kann denn der heilige Qur´an von Muhammed (saw.) zusammengedichtet worden sein, wenn selbst die geschicktesten Dichter gegenüber der literarischen/lyrischen Überlegenheit des heiligen Qur´ans unfähig sind? Darüber hinaus zeigen die Tatsachen, dass der heilige Qur´an sowohl den Geist als auch die Gefühle der Menschen anspricht, dass er ein Stil nachweist, welcher von Menschen aller Ebenen verstanden wird; zudem weist die einzigartige Klangharmonie in seiner Aussprache geradezu darauf hin, dass es sich um die Worte Allahs handelt.

Die Tatsache, dass der heilige Qur´an im Hinblick auf seine Bedeutung und sein Inhalt, ein Wunder ist, weist darauf hin, dass seine Informationen nicht von Menschen verfasst worden sein können. Nachrichten über vergangene Gesellschaften, die Erschaffung und Ordnung des Universums, die Erschaffung des Menschen oder der Sinnesorgane oder Informationen über das Paradies, die Hölle, die Engel und Informationen über Themen, die der Verstand nicht erfassen und erkennen kann, sind keine Informationen, welche die Menschen mit ihren eigenen Erkenntnissen/Wissensquellen preisgeben können. Darüber hinaus sind die darin enthaltenen Informationen konsequent und nicht widersprüchlich; Die Tatsache, dass er die Bedürfnisse der Menschheit nach authentischem Wissen, nach prinzipientreuem Leben und nach dem Sinn des Lebens bis zum Tag des Jüngsten Gerichts befriedigt, zeigt, dass der heilige Qur´an ein wundersamer Leitfaden der Rechtleitung göttlichen Ursprungs ist.

DER GLAUBE AN DIE BÜCHER

Welche Themen umfasst der heilige Qur´an?

Im heiligen Qur´an sind Verse, welche wir für die Glückseligkeit im Diesseits und Jenseits brauchen. Diese Verse thematisieren hauptsächlich die folgenden Themen:

1. Das Glaubensbekenntnis: Der heilige Qur´an beinhaltet insbesondere Themen bezüglich des Glaubens an Allah, an die Propheten, an die Engel, an die Bücher, zudem die wichtigen Fragen zum Thema des Jenseits und verschiedene Schwerpunkte bezüglich des Glaubens.

2. Die Glaubenspraxis/Gottesdienste (*Ibadah*): Der heilige Qur´an umfasst Verse über Gottesdienste/Glaubenspraxen, zu denen Muslime verpflichtet sind, wie zum Beispiel das rituelle Gebet, das Fasten, die Pilgerfahrt und die Almosensteuer.

3. Handlungen/Verhalten: Der heilige Qur´an beinhaltet Verse, welche die Beziehungen der Menschen zueinander und in der Gesellschaft thematisieren, wie zum Beispiel den Handel, das Testament, die Erbschaft, die Heirat und die Scheidung. Einige dieser Themen werden ausführlich behandelt.

4. Sanktionen/Bestrafung: Der heilige Qur´an enthält Verse über die Sanktionen/Bestrafung für diejenigen, die die gesellschaftliche Ordnung stören und die Verbote Allahs missachten.

5. Die Moral: Unser Schöpfer betont in Seinem Buch die Moralvorstellungen, wie etwa den Respekt gegenüber den Eltern, das gute Verhalten gegenüber anderen Menschen, das Gute zu fördern und das Schlechte zu unterbinden, die Demut und Bescheidenheit usw.

6. Ratschläge und Empfehlungen: Es wird geraten, dass die Menschen gegenüber Allahs Geboten und Verboten sensibel sind und nicht den Begierden ihres *Nafs* (Ego/Triebseele) verfallen. Unser erhabenes Buch rät den Menschen, ihr Leben mit dem Bewusstsein zu leben, dass sie in dieser Welt nur geprüft werden.

7. Versprechen/Verheißungen (*Wa'd/Waid*): Der heilige Qur´an beinhaltet Verse, die besagen, dass diejenigen, die Allahs Gebote befolgen, mit dem Paradies belohnt werden und dass diejenigen, die Allahs Verbote missachten, in der Hölle bestraft werden.

8. Wissenschaftliche Fakten: Der heilige Qur´an umfasst Verse, welche als Inspirationsquelle für die, der Menschheit notwendigen, wissenschaftlichen Fakten und der Naturgesetze dienen. Der heilige Qur´an spricht jedoch nicht über die empirischen Fakten, so wie ein Wissenschaftsbuch es grundsätzlich tut. Stattdessen ermutigt er die Menschen, anhand der Beobachtung des Daseins, an die Macht und Größe des Schöpfers zu denken und Ihn zu verherrlichen, indem sie sich an die Gaben Allahs erinnern.

9. Überlieferungen/Geschichten: Der heilige Qur´an thematisiert das Leben der vorherigen Propheten und berichtet über deren Herausforderungen, sodass die Menschen eine Lehre aus diesen Geschichten ziehen. Bittgebete: Der heilige Qur´an beinhaltet verschiedene Bittgebete und Gebetsvorlagen aus den Gebeten früherer Propheten, da Menschen für ihr Handeln die Hilfe Allahs bedürfen. Basierend auf diesen Bittgebeten lehrt unser Schöpfer Seine Diener, wie sie Ihn anrufen, zu Ihm beten sollen.[42]

---

[42] Mustafa Çağrıcı, "Kur'an", DİA, c. 26, s. 390-393.

Muss jedes Thema im heiligen Qur´an durch wissenschaftliche Funde bestätigt werden? Werden die Beweise mit der Entwicklung der Wissenschaft zunehmen?

Es ist den wissenschaftlichen Befunden nicht möglich, jedes Thema im heiligen Qur´an zu bestätigen. Weil nicht jedes im heiligen Qur´an erwähnte Thema sich im Rahmen der belegbaren Wissenschaft befindet. Insbesondere Themen, wie etwa die Engel, die Dschinn, das Paradies und die Hölle usw. stehen außerhalb der wissenschaftlich beweisbaren Gegebenheiten. Nichtsdestotrotz thematisiert Allah Ta´ala im heiligen Qur´an Themen, die in den Bereich der Wissenschaft fallen, wie zum Beispiel die Erschaffung der Himmel und der Erde, die Sendung des Wassers vom Himmel, die Schöpfung der Menschen und die Entwicklungsstadien, die ein Fötus im Mutterleib durchläuft.

Wissenschaftliche Informationen, können zum besseren Verständnis der betreffenden Verse führen und sind auch hilfreich. Die Tatsache, dass im heiligen Qur´an Ereignisse erwähnt werden, die in den Bereich der wissenschaftlichen Themen fallen, ist insofern wichtig, als diese im Hinblick, dass der heilige Qur´an das Wort Allahs ist, eine tragende Rolle spielen. Es sollte jedoch nicht außer Acht gelassen werden, dass der heilige Qur´an kein Wissenschaftsbuch ist, sondern die Quelle der Rechtleitung. Der heilige Qur´an wurde auf die Erde herabgesandt als ein Leitfaden der Rechtleitung; er soll die Menschen an ihren Lebenszweck erinnern, damit sie ein dementsprechendes Leben führen. Der Zweck der besagten Verse liegt zudem darin, dass die Menschen über die Herrlichkeit Allahs, Seine Gaben, über das Leben nach dem Tod und über die Glaubensangelegenheiten zum Nachdenken angeregt werden, sodass sie ein Bewusstsein entwickeln.

Während wissenschaftliche Erkenntnisse einer ständigen Veränderung und Entwicklung unterliegen, basiert der heilige Qur´an auf der Offenbarung und schließt damit Veränderungen aus. Aus diesem Grund bereitet der Versuch, die Verse des heiligen Qur´ans mit wissenschaftlichen Theorien zu verstehen, einige Schwierigkeiten. Denn wie könnte man einen Vers rechtfertigen, der mit einer, für eine bestimmte Zeit akzeptierte, wissenschaftliche Theorie erläutert wurde, aber nach einer Weile dieselbe Theorie verworfen oder das Gegenteil bewiesen wird? Natürlich verhilft uns die Wissenschaft zum Verständnis des heiligen Qur´ans. Nichtsdestotrotz ist es kein richtiges Verfahren, jede wissenschaftliche Erkenntnis mit den entsprechenden Versen im Qur´an in Verbindung zu bringen, da wissenschaftliche Erkenntnisse einer ständigen Entwicklung und Veränderung unterliegen. Allerdings sind die Verse des heiligen Qur´ans, die auch Gegenstand der wissenschaftlichen Erkenntnisse sein können, ein sehr wichtiger Anreiz für die Menschen, nachzudenken, zu forschen und sich eine Lehre daraus zu ziehen. Unser Schöpfer verkündet in den Versen 190-192 der Sure Al-i Imran Folgendes: *"Siehe, in der Schöpfung von Himmeln und Erde und in dem Wechsel von Nacht und Tag sind wahrlich Zeichen für die Verständigen. Sie gedenken Allah im Stehen, Sitzen und Liegen und denken über die Schöpfung der Himmel und der Erde nach: ‚Unser Herr! Du hast dies nicht umsonst erschaffen! Preis sei Dir! und bewahre uns vor der Strafe des Höllenfeuers!"* Der heilige Qur´an beinhaltet sehr viele Verse, welche die Menschen zum Nachdenken und Forschen anregen. Anstatt zu versuchen, den Inhalt des heiligen Qur´ans mit den wissenschaftlichen Ereig-

DER GLAUBE AN DIE BÜCHER

nissen in Einklang zu bringen, würde es den Horizont der Wissenschaftler erweitern und sie zu weiterführenden Studien führen, wenn sie über Themen forschen würden, auf die Allah unsere Aufmerksamkeit lenkt, damit wir darüber Nachdenken und eine Lehre daraus ziehen.

Ist es ausreichend den heiligen Qur´an zu lesen, ohne ihn zu verstehen? Reicht es aus, eine Übersetzung des heiligen Qur´ans zu lesen, um ihn zu verstehen ❓

Unser Schöpfer sandte uns den heiligen Qur´an, damit wir lernen, wie wir Ihm zu dienen haben. Der Qur´an fungiert bis zum Tag des Jüngsten Gerichts als Leitfaden für die Menschheit, damit sie sich an ihn wenden und ihn verstehen; er ist quasi ein Führer, damit sie gläubige, hingebungsvolle und moralische Individuen werden. Da Allah, Der alle Menschen mit verschiedenen Sprachen und aus verschiedenen Nationen erschaffen hat, gleichzeitig auch der Sender des heiligen Qur´ans ist, weiß Er natürlich, dass Nicht-Araber den auf Arabisch gesandten Qur´an nicht verstehen werden, sondern dafür Übersetzungen und Interpretationen/Deutungen bedürfen.

Der heilige Qur´an ist das wichtigste Wunder unseres Propheten (saw.). Daher ist das Lesen/Rezitieren des heiligen Qur´ans, welches die Nahrung unserer Herzen und die Heilung unserer Seelen[43] ist, an sich schon eine Glaubenspraxis/Anbetung (*Ibadah*), aber es gehört zur Notwendigkeit

---

43 „*Oh ihr Menschen! Nun ist eine Mahnung eures Herrn zu euch gekommen und eine Arznei für das, was eure Herzen bewegt, und eine Leitung und Barmherzigkeit für die Gläubigen.*" Yunus, 10/57.

ein Diener Allahs zu sein, gleichzeitig seiner Bedeutung bewusst zu werden, indem wir von seinen Übersetzungen und Deutungen/Interpretationen profitieren und die Bemühung, anhand seiner Verse unser Leben zu gestalten. Denn der heilige Qur´an wurde nicht nur zum Lesen gesandt, sondern viel eher damit wir ihn verstehen und ihn ausleben.

Ist der heilige Qur´an selbst nicht ausreichend? Benötigen wir die *Ahadithe* *(Überlieferungen der Lebensweise unseres Propheten)* **?**

In der islamischen Literatur nennt man die Worte, Handlungen, Verhalten und die Dinge, die unser Prophet (saw.) guthieß, *„Hadith" (Plural: Ahadithe)*.[44] Allah sandte den heiligen Qur´an an unseren geliebten Propheten (saw.), der die Menschen in jeder Hinsicht aufklärte, bei Konflikten Lösungen fand und ihnen den richtigen Weg aufzeigte. Danach wollte Allah, dass der Prophet (saw.) die herabgesandten Botschaften an die Menschen verkündet und diese vermittelt. Dementsprechend war der Gesandte Allahs (saw.) derjenige, der die Bedeutungen der Verse am besten verstand und Allahs Intention mit diesen Versen am besten kannte. Wir erfahren durch die Vermittlung unseres Propheten (saw.), dass der heilige Qur´an das Wort Allahs ist. Die Behauptung, die Worte, Handlungen und das Verhalten unseres Propheten (saw.) sei nicht wertvoll und nicht zuverlässig, ist mit dem Glauben, dass der heilige Qur´an Allahs Wort ist, nicht vereinbar.

---

44 M. Yaşar Kandemir, "Hadis", DİA, c. 15, s. 27.

Nachdem unser Prophet (saw.) die Verse an die Menschen vermittelt hat, erläuterte er diese mit seinen eigenen Worten und zeigte deren Auslebung anhand seiner eigenen Handlungen. Einige der Bestimmungen im heiligen Qur´an wurden allgemein gehalten und die detaillierte Erläuterung wurde unserem Propheten überlassen; d.h., dass Allah die Ausführung einiger Pflichten unserem Propheten lehrte. Zum Beispiel befiehlt Allah im heiligen Qur´an den Muslimen, dass sie beten sollen, doch wie das Gebet verrichtet werden soll, wie viele *Rak´ahs* (Gebetseinheiten) die jeweiligen Gebete enthalten und die Details bezüglich der Gebetszeiten werden im heiligen Qur´an nicht offenbart. Ebenso wurden im heiligen Qur´an weitere wichtige Glaubenspraxen, wie die Opferung *(Qurban)*, die Pilgerfahrt (*Hadsch*) und die Almosensteuer (*Zakah*) befohlen, doch zu welcher Zeit und wie diese verrichtet werden sollen, wurde unserem Propheten (saw.) überlassen. Als Muslime lernen wir all diese Sachen durch die *Ahadithe* unseres Propheten (saw.).

Der Prophet (saw.) distanzierte sich von Worten, Verhalten und Einstellungen, die der Offenbarung widersprachen. Da er der Gesandte Allahs ist, unterlagen seine Erläuterungen der Aufsicht unseres Schöpfers. Während der andauernden Offenbarung ist zu beobachten, dass bestimmte Worte und Verhaltensweisen des Propheten durch Allah mittels weiterer Offenbarungen verbessert wurden. Unser Schöpfer erklärt mit folgendem Vers: „*Er spricht nicht aus eigenem Antrieb. Es ist nichts anderes als eine ihm geoffenbarte Offenbarung*"[45], dass unser Prophet (saw.) offensichtlich Seiner Aufsicht unterliegt.

---

45 An-Nadschm, 53/3-4.

Die *Ahadithe* unseres Propheten (saw.) wurden sehr sorgfältig festgehalten und es wurde sehr darauf geachtet, dass seine Worte nicht mit der Offenbarung des heiligen Qur´ans verwechselt wurden. Es ist bekannt, dass unser Prophet (saw.) diesbezüglich seine Gefährten (*Sahaba*) warnte. Es wurde weder ein überlieferter *Hadith* von jemandem akzeptiert, der in der Gesellschaft offensichtlich als ein Lügner bekannt war, noch eine Überlieferung von jemandem niedergeschrieben, der sein Tier austrickste, indem er seine leere Hand vorhielt und so tat, als hätte er Futter in seiner Hand.

Letztendlich sind *Ahadithe* die wichtigsten Quellen, welche uns die Verse des heiligen Qur´ans erläutern und uns in unserer religiösen Lebensweise führen. Wir sind auf die Führung unseres Propheten (saw.) in Bezug auf das Verständnis und die Durchführung der religiösen Gebote und Verbote angewiesen. Andernfalls wüssten wir nicht, wie wir die Glaubenspraxis/Gottesdienste und Pflichten im heiligen Qur´an, welche Allah Seinen Dienern befahl, verstehen und erfüllen sollen. Diejenigen, die heute behaupten, dass die Worte unseres Propheten (saw.) unsere Gegenwart nicht zuverlässig erreicht haben können, und diese deswegen leugnen, greifen (zwangsläufig) auf die Kommentare und Erläuterungen anderer Personen zurück, um den heiligen Qur´an zu verstehen. Manchmal wenden die Menschen ihr eigenes Verständnis anstelle der *Ahadithe* des Propheten (saw.) an, um den heiligen Qur´an zu verstehen. Dies führt zu unterschiedlichen Interpretationen der Gottesdienste (*Ibadah*) und der Religion selbst. Eines der wichtigsten Gründe, woran andere monotheistische Religionen scheiterten ist, dass eine Gruppe der Geistlichen eigene Behauptungen aufstellten und diese als Worte Allahs den Menschen vermittelten. Unser Schöpfer unterstützt den Islam und den heiligen Qur´an mit der Religionspraxis und den Erläuterungen unseres Propheten (saw.) und hat das Verständnis des heiligen Qur´ans im Laufe der Jahrhunderte von seinen Erklärungen und Praktiken abhängig gemacht.[46]

Was bedeutet „*Ahl al-Kitab*" (Leute der Schrift)?

„*Ahl al-Kitab*" ist die Bezeichnung für diejenigen, die an die Bücher glauben, welche Allah an seine Propheten sandte. Im heiligen Qur´an wird die Bezeichnung *Ahl al-Kitab* grundsätzlich für Juden und Christen verwendet.[47] Dieser Ausdruck wird jedoch auch für diejenigen verwendet, die an die Bücher glauben, welche Allah an die anderen Propheten herabgesandt hat.[48]

Der Grund, warum im heiligen Qur´an mit dem Ausdruck *Ahl al-Kitab* nur Juden und Christen angesprochen werden, liegt daran, dass die Anhänger beider Religionen, abgesehen von einigen Fehl- und Irrglauben, an Allah, an die Propheten, an das Jenseits und an die Bücher glauben; das heißt, dass ihr Glaube auf göttlichen Quellen basiert und diese Religionen den Menschen, die damals mit der Sendung des heiligen Qur´ans angesprochen werden sollten, bekannt waren.[49]

In den Versen, in denen der Ausdruck *Ahl al-Kitab* erwähnt wird, wird darauf hingewiesen, dass sich unter ihnen Menschen befinden, die es wert sind gelobt zu werden,[50] sich aber auch Menschen befinden, die ungläubig sind,[51] diese

---

46 Für weitere Informationen über Ahadithe, siehe auch. M. Yaşar Kandemir, "Hadith", *DİA*, c. 15, s. 27-64.
47 An-Nisa, 4/153; al-Maida, 5/15, 19.
48 Al-An'am, 6/84-90.
49 Remzi Kaya, "Ehl-i Kitap", DİA, c. 10, s. 517.
50 Al-i Imran, 3/75, 113-115, 119.
51 Al-Baqara, 2/105; al-Bayyina, 98/1.

DIE GLAUBENSFRAGEN DER JUGEND

Ungläubigen die Verse Allahs leugnen,[52] diese die Wahrheit gegen die Lüge vertauschen,[53] das Anvertraute (*Amanah*) nicht bewahren,[54] sie die herabgesandten heiligen Bücher verfälschten,[55] sie ihre Propheten ermordeten,[56] sie die Muslime in Ungläubige verwandeln wollen,[57] sie setzten die Bestimmungen der Thora und der Bibel nicht richtig um.[58] Der heilige Qur´an appelliert dem *Ahl al-Kitab* die Hingabe zu Allah, und Allah niemand anderen beizugesellen,[59] und den Muslimen rät er, bei der Konfrontation mit ihnen moderat zu sein.[60]

Im heiligen Qur´an gibt es eine klare und deutliche Anleitung für die Beziehung der Muslime zum Ahl al-Kitab: *„Und streitet nicht mit dem Volk der Schrift, es sei denn auf beste Art und Weise, außer mit jenen von ihnen, die Unrecht handeln. Und sprecht: ‚Wir glauben an das, was zu uns herabgesandt wurde und was zu euch herabgesandt wurde. Unser Gott und euer Gott sind ein und derselbe. Und Ihm sind wir ergeben.'"*[61] Außerdem wurde den muslimischen Männern erlaubt, die Frauen aus dem *Ahl al-Kitab* zu heiraten, und Muslime dürfen generell vom geschächteten Fleisch des *Ahl al-Kitab* essen.[62]

---

52 Al-i Imran, 3/70, 98, 112; an-Nisa, 4/155; al-Haschr, 59/2.
53 Al-i Imran, 3/71.
54 Al-i Imran, 3/75.
55 Al-i Imran, 3/78.
56 Al-i Imran, 3/112; an-Nisa, 4/155.
57 Al-Baqara, 2/109; Al-i Imran, 3/69, 72, 99, 100.
58 Al-Maida, 5/68.
59 Al-i Imran, 3/64.
60 Al-Ankabut, 29/46.
61 Al-Ankabut, 29/46.
62 Al-Maida, 5/5.

DER GLAUBE AN DIE BÜCHER

Was passiert im Jenseits mit denjenigen, die nicht an die Thora und die Bibel glauben?

Die Thora, die Bibel und die Psalmen sind Bücher, die Allah, genauso wie den heiligen Qur´an herabgesandt hat. Sowie alle gesandten Propheten, die ihnen vorangegangenen Propheten bestätigt haben, so haben auch alle Bücher das vorher offenbarte Buch bestätigt und damit bewiesen, dass sie alle aus derselben göttlichen Quelle stammen. Aus diesem Grund gibt es keinen Unterschied zwischen dem Glauben an den heiligen Qur´an und dem Glauben an die zuvor herabgesandten Bücher. Allerdings wurden die anderen Bücher, außer dem heiligen Qur´an, nicht bewahrt und sind im Laufe der Zeit verzerrt und verändert worden; nur der heilige Qur´an wurde beschützt und erreichte unverfälscht unsere Gegenwart.

Zu glauben, dass die Sendung und Inhalte aller göttlichen Bücher wahrhaftig sind, und dass diese durch die im heiligen Qur´an namentlich erwähnten Propheten gesandt wurden, um die Menschen rechtzuleiten, ist eine Notwendigkeit, um ein Muslim zu sein. Dementsprechend kann derjenige, der die Thora und/oder die Bibel leugnet, kein Muslim sein, weswegen er nicht ins Paradies eingelassen wird, denn das Paradies ist ein Ort, der ausschließlich den Muslimen vorenthalten ist.

DER GLAUBE AN DIE PROPHETEN

Warum sandte Allah Propheten?

Wenn wir diese Frage unter Berücksichtigung der Propheten und ihrer Stellung in der Menschheitsgeschichte beantworten, erkennen wir, dass Allah die Propheten aus zwei grundlegenden Gründen gesandt hat. Der erste Grund ist, dass der Sohn Adams, welchen Allah mit Verstand und Bewusstsein erschaffen hat, ein Wesen mit Verantwortung ist. Der Sohn Adams, also der Mensch, ist ein Wesen, welches die Verantwortung für sein Tun und Handeln trägt. Wem gegenüber ist er (der Mensch) verantwortlich? Natürlich ist er allen voran demjenigen gegenüber verantwortlich, der ihn erschaffen hat, d.h. seinem Schöpfer gegenüber, und gegenüber allen anderen Geschöpfen. Wenn er also verantwortlich ist, so sollte er seiner Verantwortung bewusst sein. Dies ist eines der Gründe, warum Allah die Propheten gesandt hat. Allah hat der Menschheit Propheten gesandt, damit diese den Menschen im irdischen Leben den richtigen Weg aufzeigen, sie an ihre Verantwortung erinnern und sie darüber informieren, dass es im Jenseits die Rechenschaftsabgabe gibt.

Der Mensch kann durch seinen Verstand und seine Gefühle eine Menge Informationen erlangen. Das menschliche Leben ist jedoch sehr kurz. Seine geistige Kraft ist ebenfalls begrenzt. Das kurze Leben und die Grenzen des Verstandes berauben den Menschen die Möglichkeit, die Vergangenheit und die Zukunft vollständig zu erfassen und das weltliche Leben auf perfekte Weise zu gestalten. Das soziale Leben kann etabliert werden, indem die moralischen Grundprinzipien übernommen werden und diese das Leben dominieren. Ein weiterer Grund, warum die Propheten gesandt wurden, besteht darin, den Menschen die Grundprinzipien zu vermitteln, die sie brauchen, um das Leben auf dieser Welt auf eine gesunde Weise aufzubauen und zu erhalten; damit ihnen die dafür nötige spirituelle Antriebskraft und das göttliche Wissen durch die Propheten übermittelt werden. Das größte Geschenk der Propheten an die Gesellschaften bestand darin, dass durch sie die moralischen Prinzipien im gesellschaftlichen Leben dominierten.

Durch die Propheten gelangen die Menschen zu Informationen, die sie mit ihrem Verstand nicht erlangen können. Die Themen, wie etwa die Eigenschaften Allahs, die Auferstehung nach dem Tod, das Leben im Jenseits, die Engel und wie Allah angebetet werden soll, sind Themen, die nicht mit dem Verstand erlangt werden können. Außerdem lernten die Menschen auf Grundlage der Propheten das Wissen über die moralischen Prinzipien und über den Aufbau und die Aufrechterhaltung des sozialen Lebens, zu welchen sie anhand des Verstandes erst nach langen Jahren gelangen würden. Auf Basis dieser beiden Gründe sandte Allah die Propheten.[1]

Was sind die Aufgaben der Propheten?

Der Prophet ist, der von Allah auserwählte Bote, um die Menschen über Allahs Gebote und Appelle zu informieren.[2] Wie aus der Definition hervorgeht, besteht die Hauptaufgabe des Propheten darin, den Menschen die Verbote und Gebote un-

---
1 Yusuf Şevki Yavuz, "Nübüvvet", DİA, c. 33, s. 279-285.
2 Yusuf Şevki Yavuz, "Peygamber", DİA, c. 34, s. 257.

DER GLAUBE AN DIE PROPHETEN

seres Schöpfers zu vermitteln. Diese Übermittlung kommt einher mit folgenden zwei Situationen. Demnach können wir die Aufgaben der Propheten mit folgenden „drei T´s" zusammenfassen: „*Tebliğ*" (Verkündung) „*Tebyin*" (Erläuterung) und „*Temsil*" (Repräsentation).

„*Tebliğ*" (die Verkündung) bedeutet, dass alle von Allah offenbarten Informationen vollständig und unverändert an die Menschen übermittelt werden. Wie oben bereits erwähnt, ist der Grund für die Sendung der Propheten, die Verkündung/Übermittlung. Unser Schöpfer drückt diese grundlegende Pflicht - unseren Propheten ansprechend - im heiligen Qur´an wie folgt aus: „*Oh du Gesandter! Verkünde alles, was von deinem Herrn auf dich herabgesandt wurde. Wenn du es nicht tust, so hast du deine Pflicht als Prophet nicht erfüllt.*"[3]

„*Tebyin*" (die Erläuterung) bedeutet, dass die verkündeten, göttlichen Gebote bei Bedarf erläutert werden. Die Propheten mussten viele Themen und Details erläutern, da sich das Niveau der Menschen, die sie ansprachen, in Bezug auf ihr Wissen und Auffassungsvermögen unterschied. So wurde diese Pflicht im heiligen Qur´an wie folgt erwähnt: „*(Wir entsandten sie) mit den deutlichen Beweisen und göttlichen Schriften. Und dir offenbarten Wir den Qur´an, damit du den Menschen erklärst, was ihnen herabgesandt wurde, sodass sie es bedenken.*"[4]

„*Temsil*" (die Repräsentation) dagegen ist die tatsächliche Anwendung/Umsetzung der göttlichen Überlieferungen, um so den Menschen ein Vorbild zu sein. Unser Prophet (saw.) befahl seinen Gefährten Folgendes: „*Verrichtet das rituel-*

---

3   Al-Maida, 5/67.
4   An-Nahl, 16/44.

le Gebet, so wie ihr es bei mir beobachtet habt."[5] *"Erlernt die Notwendigkeiten der Pilgerfahrt von mir"*[6], und appellierte an sie, dass sie ihn als Vorbild nehmen sollen.

Wie erlangt man das Prophetentum? Kann ein Mensch Prophet werden, wenn er will?

Unser Schöpfer hat jahrhundertelang Propheten auserwählt und gesandt. Der Wunsch, ein Prophet sein zu wollen, ist bei dieser Wahl nicht effektiv. Ebenso hat der Reichtum, der Ruhm und die soziale Stellung einer Person keinen Einfluss darauf, dass sie zum Propheten auserwählt wird. Zudem erlangt man das Prophetentum (die Stellung eines Propheten) auch nicht durch die harte Arbeit oder die Anbetung Allahs. Das Prophetentum ist das Geschenk Allahs. Im heiligen Qur´an wird Folgendes verkündet: *"Das ist Allahs Gnade; Er gewährt sie, wem Er will [...]."*[7] Unser Schöpfer kennt diejenigen, die die Last des Prophetentums tragen können, und wählt unter den Menschen denjenigen als Propheten aus, den Er will.[8]

Es gab viele einflussreiche Menschen in der Weltgeschichte, warum waren sie keine Propheten?

Wenn wir uns die einflussreichen Menschen der Weltgeschichte vornehmen, so erkennen wir, dass viele unter ih-

---
5 Buhârî, Ezân, 18
6 Müslim, Hac, 310.
7 Al-Dschum´a, 62/4.
8 Yusuf Şevki Yavuz, "Peygamber", c. 34, s. 257-262.

nen Propheten sind. Ein Buch, das im letzten Jahrhundert von einem westlichen Forscher geschrieben wurde, konzentriert sich auf die hundert einflussreichsten Menschen in der Weltgeschichte. Der Autor des Buches fügte dieser Liste die Menschen hinzu, die das Schicksal von Millionen Menschen beeinflussten, den Aufstieg und Fall der Zivilisationen verursachten und den Lauf der Geschichte bestimmten. Der Autor, der in seinem Buch auch die Propheten der beiden großen Religionen, Jesus (as.) und Moses (as.) aufnahm, gab den ersten Platz in der

Kategorie der einflussreichsten Menschen der Geschichte unserem Propheten Muhammed (saw.)[9]

Die Wissenschaftler, welche schwerpunktmäßig die Geschichte erforschen, gaben zu, dass wichtige Ereignisse der Weltgeschichte, insbesondere die Errichtung und Verbreitung von Zivilisationen von den Propheten geleitet wurden.[10] Was die Bedeutung des Verstandes für die Menschen ist, gleicht der Bedeutung des Prophetentums für die Menschheitsgeschichte. Außerdem leisteten die Propheten auch bei der Methodensuche und Umsetzung ziviler Organisationen Pionierarbeit. All das ursprüngliche Wissen, welches mit der Kunst und Technik zusammenhängt, wurde mit den von Allah gesandten Propheten vermittelt. Die Propheten leiteten die Menschen auch in den Bereichen der Landwirtschaft, des Handels, der Medizin, des Erhitzens und der Verarbeitung des Eisens, der Kleidungsherstellung und des Schiffsverkehrs an.[11] In Anbetracht der im heiligen Qur´an gegebenen Informationen darüber, dass Allah David (as.) die Kunst beigebracht hat, Eisen zu erweichen, geschmolzenes Kup-

---

9 Michael H. Hart, Dünyaya Yön Veren En Etkin 100, Ka Kitap, 2016
10 Yusuf Şevki Yavuz, "Nübüvvet", DİA, c. 33, s. 282-283.
11 Şerafeddin Gölcük, İslam Akaidi, Esra Yay., İstanbul, 1994, s. 115.

fer, wie eine Flut aus seiner Quelle auszugießen[12] und Rüstungen herzustellen,[13] und wenn man bedenkt, dass dieses Zeitalter „die Eisenzeit" genannt wird, vereinfacht es unser Verständnis darüber, was für einflussreiche Persönlichkeiten die Propheten in der Menschheitsgeschichte waren.[14]

Das Bestreben aller Propheten war es, dass die Menschen ein tugendhaftes und anständiges Leben führen. Sie bemühten sich, das Gute zu repräsentieren und die Wege zum Guten aufzuzeigen, und dass auf der Erde das Gute dominiert. Infolgedessen haben sie dafür gesorgt, dass die Tugenden, wie Gerechtigkeit, die Einhaltung der Rechte und Gesetze, die Wahrhaftigkeit, das Vertrauen, die Liebe und der Respekt in zwischenmenschlichen Beziehungen, die Einhaltung des Guten, das Verhindern der Tyrannei und die Ablehnung der Tyrannen von den Menschen übernommen wurden. Gleichzeitig definierten die Propheten das Böse und appellierten, sich vom Schlechten fernzuhalten, und kämpften dafür, dass sich die Menschen nicht mit Schlechtem, wie Ungerechtigkeit, Grausamkeit, Diebstahl, Spott und Arroganz identifizieren. Es ist offensichtlich, wie erhaben der Wert dieser Informationen in der Menschheitsgeschichte ist, welche die Propheten den Menschen präsentierten und diese anwendeten.[15]

---

12 As-saba', 34/10-12.
13 Al-Anbiyâ, 21/80.
14 Yusuf Şevki Yavuz, "Nübüvvet", DİA, c. 33, s. 279-285.
15 Bekir Topaloğlu, Yusuf Şevki Yavuz, İlyas Çelebi, İslam'da İnanç Esasları s. 160-162.

Können Offenbarungen auch anderen Menschen, außer den Propheten herabgesandt werden?

Bevor wir die Frage beantworten, ob Offenbarungen auch an Menschen, die keine Propheten waren, herabgesandt wurden, möchten wir vorerst die Definition und Bedeutung des Wortes „Offenbarung" erläutern. Die Bedeutung des Wortes „Offenbarung" lautet lexikalisch, dass man jemanden auf etwas hinweist, etwas vorzeigt, das Herz inspiriert, etwas schnell und heimlich[16] aufsagt. Die Offenbarung ist im wahrsten Sinne des Wortes eine besondere Form der Kommunikation zwischen Allah und Seinen Propheten, wobei die Art und Weise dieser Kommunikation nur ihnen vollständig bekannt ist. In diesem Sinne ist die Offenbarung, Allahs die Übermittlung Seiner Botschaften, die Er einigen Seiner auserwählten Diener auf eine besondere Weise übermittelt, die aber nicht allgemein für alle Menschen gültig ist.

Im heiligen Qur´an wird erwähnt, dass Allah Seine Offenbarungen der Himmel,[17] der Erde,[18] der Biene,[19] der Mutter Moses,[20] Maria,[21] den Aposteln Jesus2[22] und den Propheten zukommen ließ. In Anbetracht der Verse wird allerdings offensichtlich, dass dieses Wort (die Offenbarung) ausschließlich in Bezug auf die „Propheten" die Bedeutung beinhaltet, die besonderen Botschaften Allahs, mit dem Ziel, diese an die Menschen zu übermitteln; hingegen in weiteren Versen,

---

16 Yusuf Şevki Yavuz, "Vahiy", *DİA*, c. 42, s. 440.
17 Al-Fussilat, 41/12.
18 Az-Zilzal, 99/1-5.
19 An-Nahl, 16/68.
20 Al-Qasas, 28/7; Taha, 20/38.
21 Meryem, 19/19, 24-26.
22 Al-Maida, 5/111. Die Islamwissenschaftler sagen, dass die Offenbarung Allahs an die Apostel Jesus nur durch Jesus Interaktion, oder durch Allahs Inspiration in ihre Herzen, geschehen ist.

bezüglich der Offenbarungsformen, von einem Schöpfungsereignis oder von einer Inspiration ins Herzen die Rede ist. Die Offenbarung, welche die Menschen erhalten haben, obwohl sie keine Propheten waren, übertrug ihnen nicht die Verantwortung eines Propheten. Das markanteste Merkmal der Offenbarung, welche die Propheten von Allah erhalten haben, ist, dass sie darauf abzielte, die Botschaften Allahs an die Menschen zu übermitteln. Die Propheten fungieren als Boten, welche die Botschaften Allahs unter den Menschen verbreiteten.

Fällt jemand von der Religion ab, wenn er zwar an Allah glaubt, aber nicht an die Propheten?

Allah sandte aufgrund Seiner Weisheit und Gnade Propheten zu Seinen Dienern. Derjenige, der an Allah glaubt, glaubt auch daran, dass sein Schöpfer Propheten gesandt hat. Mit folgendem Vers: *„Der Gesandte glaubt an das, was ihm von seinem Herrn herabgesandt wurde, und ebenso die Gläubigen. Alle glauben an Allah, Seine Engel, Seine Schriften und an Seine Gesandten"*, und: *„Sie machen keinen Unterschied zwischen Seinen Gesandten und sie sprechen: ‚Wir hören und gehorchen. Schenke uns Deine Vergebung, unser Herr! Und zu Dir ist die Heimkehr,'"* [23] weist uns unser Schöpfer, Der Allmächtige, darauf hin, dass Er Propheten gesandt hat und die Menschen an sie glaubten.

Die Menschen brauchen die Führung eines Gesandten. Es ist der Prophet, der einem Menschen den Weg erleuchtet und ihn an die Hand nimmt, bei Themen, die seine Macht

---

23 Al-Bakara, 2/285.

übersteigen und wofür seine Fähigkeiten nicht ausreichen. Eine Person weiß durch die Belehrungen des Propheten, wie sie Allah anzubeten hat, erlangt die Informationen über die Angelegenheiten bezüglich des Jenseits und wie sie sich gedanklich und moralisch hervorheben kann. Wenn Allah keinen Propheten gesandt hätte, wäre es nicht gerade einfach, auf einer idealen Art und Weise das Richtige und Schöne zu finden und das Nützliche vom Schädlichen zu unterscheiden. Denn, wenn Menschen unter dem Einfluss ihrer Emotionen stehen, können sie die Wahrheit mit dem praktischen Nutzen verwechseln und möglicherweise nicht in der Lage sein, die richtige Entscheidung zu treffen.

Die Menschen müssen vorerst informiert worden sein, damit sie zur Verantwortung gezogen und für ihre Handlungen belohnt oder bestraft werden können. Dementsprechend kann der Mensch im Jenseits keine Ausreden vor Allah vorbringen, wie etwa „ich wusste das nicht" oder „Du hast keine Propheten gesandt". Unser Schöpfer erläutert diese Situation im folgenden Vers: *„Von Gesandten als Freudenverkünder und Warner, damit die Menschen nach (dem Erscheinen von) Gesandten vor Allah keine Entschuldigung haben [...]."*[24] Die Propheten klärten ihre Glaubensgemeinschaften über die erforderlichen Prinzipien auf, damit sie sowohl im Diesseits als auch im Jenseits glücklich werden.

Eine Person, die an Allah, an die Propheten und an die von den Propheten übermittelten Botschaften glaubt, nennt man Gläubiger (*Mu´min*). Dagegen nennt man diejenigen, die nicht an die Grundprinzipien des Islams glauben und eine oder sogar mehrere Grundsätze, welche der Prophet (saw.) von Allah übermittelte, leugnen, Ungläubige (*Kafir*).

---

24 An-Nisa, 4/165.

Das markanteste Merkmal, welches einen Ungläubigen ausmacht, ist, dass er eine oder mehrere religiöse Grundprinzipien leugnet oder diese kritisiert und/oder diese als wertlos erachtet. Im heiligen Qur´an wird Folgendes verkündet: *„Siehe, diejenigen, welche weder an Allah glauben noch an Seinem Gesandten und einen Keil zwischen Allah und Seinen Gesandten treiben wollen und die sprechen: ‚Wir glauben an einige, an andere aber nicht', und einen Weg dazwischen einschlagen wollen. Jene sind die wahren Ungläubigen [...]."*[25]

Dementsprechend ist ein Gläubiger (*Mu´min*) derjenigen, der alles, was der Prophet (saw.) übermittelt hat, bestätigt; und ein Ungläubiger (*Kafır*) ist derjenige, der alles oder einen Teil dessen leugnet. Da also jemand, der auch nur einen der Glaubensgrundsätze leugnet, nicht als einen Gläubigen bezeichnet werden kann, fällt derjenige, der zwar an Allah glaubt aber nicht an die Propheten, von der Religion ab.[26]

Ist es in Ordnung, wenn ich an einige Propheten glaube, aber an andere nicht? Ist es richtig zwischen den Propheten zu unterscheiden?

Der Glaube an alle Propheten ist eine der Bedingungen des Glaubens. Zeitgleich bedeutet der Glaube an die Propheten, dass man daran glaubt, dass sie von Allah gesandt wurden und ihre übermittelten Informationen authentisch und wahr sind. Unser Schöpfer hat uns verpflichtet, an alle Propheten zu glauben, ohne zwischen ihnen zu unterscheiden. Im heiligen Qur´an wird Folgendes verkündet: *„Der Gesandte glaubt an das, was ihm von seinem Herrn herabgesandt*

---

25 An-Nisa, 4/150-151.

wurde, und ebenso die Gläubigen. Alle glauben an Allah, an Seine Engel, Seine Schriften und an Seine Gesandten. Sie machen keinen Unterschied zwischen Seinen Gesandten. Und sie sprechen: ‚Wir hören und gehorchen. Schenke uns Deine Vergebung, unser Herr! Und zu Dir ist die Heimkehr!'"[26] Aus diesem Grund führt der Glaube einer Person an nur einen Teil der Propheten, zum Verlassen der Religion.28

Gibt es unter den Propheten eine Hierarchie der Überlegenheit?

Die Propheten sind auserwählte und überlegene Menschen, welche von Allah zur Übermittlung Seiner Botschaften auserwählt wurden. Sie weisen alle gemeinsame Merkmale bei der Erfüllung ihrer Aufgaben als Propheten auf. Jedoch unterscheiden sie sich in ihrer von Allah gegebenen Gaben und Möglichkeiten, in ihren Charaktereigenschaften, ihrer Geduld, ihre Ausdauer und ihrer Art ihren Gegnern zu begegnen. Aus diesem Grund unterscheiden sie sich bezüglich ihrer Einstufung bei Allah. Diesbezüglich wird im heiligen Qur´an erklärt, dass die Propheten untereinander verschiedene Vorzüglichkeiten besitzen.[27] Außerdem bezeichnete Allah einige der Propheten als „Ulu´l azm", was Entschlossenheit und Standhaftigkeit ausdrückt, da ihre Prüfungen besonders schwer und ihre Aufträge besonders schwierig waren.[28]

Die Überlegenheit unter den Propheten hängt damit zusammen, ob ihnen ein neues göttliches Buch offenbart wurde, oder sie bezüglich ihrer Weisheit und spirituellen Position unterschiedliche Einstufungen (bei Allah) haben. Sie un-

---

26 Al-Baqara, 2/285.
27 Al-Baqara, 2/253.
28 Al-Ahkaf, 46/35.

terscheiden sich jedoch nicht im Hinblick auf das Prophetentum und auch nicht in ihren gemeinsamen Charaktereigenschaften. Als Muslime ist es unsere Pflicht zu glauben, dass sie alle Gesandte Allahs sind und unter ihnen nicht zu unterscheiden.[29]

Wurden die Propheten nur an ihre eigene Gesellschaft gesandt oder der gesamten Menschheit?

Es ist ein Ergebnis Seiner Barmherzigkeit gegenüber den Menschen, dass Allah Ta´ala den Gesellschaften Propheten aus ihrer Mitte sandte, die in verschiedenen Teilen auf der Welt lebten und verschiedene Sprachen sprachen. Unser Schöpfer wählte die Propheten aus der Mitte der jeweiligen Gesellschaften aus, damit diese dieselbe Sprache sprechen und die Verständigung erleichtert wird. In Bezug auf dieses Thema verkündet unser Schöpfer im 4. Vers der Sure *Ibrahim* Folgendes: *„Und Wir schickten keinen Gesandten, es sei denn in der Sprache seines Volkes, damit er sie (wirksam) aufkläre. Doch Allah lässt irregehen, wen Er will, und leitet recht, wen Er will. Und Er ist der Mächtige, der Weise."* Diese Verse zeigen, dass Allah Ta´ala den Menschen Propheten sandte, die ihre Sprache sprachen, damit sie die göttlichen Weisheiten verstehen konnten. Hierbei ist jedoch zu beachten, dass sich nicht die göttlichen Weisheiten unterschieden, sondern nur die Sprachen, in denen diese verkündet wurden. Mit anderen Worten, unser Schöpfer hat Seine universelle Botschaft in verschiedenen Sprachen herabgesandt.

Obwohl Propheten, wie *Salih*/Schilo (as.), *Hud*/Eber (as.) und *Yunus*/Jonas (as.) an unterschiedliche Gesellschaften

---
29 Al-Baqara, 2/136.

gesandt wurden, waren ihre Botschaften universell. Muhammed (saw.) wurde jedoch an die gesamte Menschheit gesandt, da er der letzte Prophet ist.

Wie haben die Propheten Bewiesen, dass sie Allahs Gesandte sind ❓

Die Propheten bewiesen ihr Prophetentum (ihre Sendung als Prophet) mit den Wundern, welche Allah ihnen gewährte. Wunder sind „wundersame/übersinnliche Ereignisse, die nicht von den Menschen selbst hervorgebracht werden können, die mit Allahs Hilfe durch Personen realisiert werden, die von Allah als Propheten auserwählt wurden".[30] Ereignisse, welche zu Wundern gehören, sind die größten Beweise für das Prophetentum, da sie nicht durch menschliches Können hervorgebracht werden können. Andererseits sind Propheten Persönlichkeiten gewesen, die in ihrer Gesellschaft mit ihrer Wahrhaftigkeit und Zuverlässigkeit bekannt waren. Es ist besonders überzeugend, dass die besagten Wunder durch diese wahrhaftigen, vertrauenswürdigen und zuverlässigen Menschen geschehen.

Ereignisse, wie zum Beispiel das Feuer, welches für *Ibrahim*/Abraham (as.) erfrischend und harmlos wurde,[31] die wundersame Unterstützung *Salihs*/Schilos (as.) mit dem Kamel, das in seinem Volk, dem *Thamud,* als ein sehr wertvolles Tier galt,[32] der Stab *Musa*/Moses (as.), mit dem er das Meer teilte,[33] der Wind, der unter dem Befehl *Sulaymans*/

---

[30] Bekir Topaloğlu, Yusuf Şevki Yavuz, İlyas Çelebi, İslâm'da İman Esasları, s. 389. Siehe auch: Halil İbrahim Bulut, "Mucize", DİA, c. 30, s. 350-352.
[31] Al-Anbiya, 21/69.
[32] Al-A'raf, 7/73; Hud, 11/64.
[33] Taha, 20/77; siehe auch: asch-Schuara, 26/63.

Salomons stand,[34] dass er die Sprache der Vögel und der anderen Lebewesen beherrschte[35] und die Unterwerfung der Teufel und Dschinnen seiner Macht,[36] sind unter anderem wundersame Beispiele, die im heiligen Qur´an erwähnt werden. Allah Ta´ala unterstütze Seine Propheten mit Wundern in Bereichen, in denen ihre Gesellschaften trotz hoher Fortschritte handlungsunfähig waren. Zum Beispiel war das Volk Ägyptens, unter denen Moses (as.) lebte, im Bereich der Zauberei/Magie hochentwickelt, sodass Allah ihn mit dem „Drachenwunder" segnete, welches die Magier handlungsunfähig ließ.[37] Jesus dagegen lebte in einer Gesellschaft, in der die Medizin sehr weit fortgeschritten war, sodass Allah ihn mit den Wundern segnete, wie etwa die Toten auferstehen zu lassen, die Blinden sehend zu machen, Hautkrankheiten zu heilen, die Fähigkeit aus Schlamm einen Vogel zu formen und ihm Leben einzuhauchen etc., unterstütze.[38] Das größte und dauerhafte Wunder des Propheten Muhammeds (saw.) ist der heilige Qur´an. Diesbezüglich verkündet unser Schöpfer Folgendes: *„Und sie fragen: ‚Warum wurden keine Wunderzeichen von seinem Herrn auf ihn herabgesandt' Sprich: ‚Siehe, Wunder stehen allein in Allahs Macht. Ich aber bin nur ein deutlicher Warner.' Genügt es ihnen denn nicht, dass Wir das Buch auf dich hinabgesandt haben, damit es ihnen vorgetragen wird? Darin ist doch wahrlich eine Barmherzigkeit und Ermahnung für Leute, die bereit sind zu glauben."*[39] In einer Gesellschaft, in der die Redekunst sehr weit fortgeschritten war, unterstütze Allah unseren geliebten Propheten (saw.) mit dem einzigartigen Qur´an.

---

34 Al-Anbiya, 21/81; as-Sad, 38/36.
35 An-Naml, 27/16.
36 As-Saba', 34/12-13; al-Anbiya, 21/82.
37 Taha20/69-70.
38 Al-i Imran, 3/49.
39 Al-Ankabut, 29/50-51.

DER GLAUBE AN DIE PROPHETEN

Wissen die Propheten alles? Haben sie Kenntnis über das Verborgene (Ghayb)?

Die Propheten wissen nicht und können auch nicht alles wissen, da sie Menschen sind. Sie beherrschen Themen, worüber andere Menschen kein Wissen haben, da Allah durch die Offenbarung mit ihnen kommuniziert. Auch wenn die Propheten Offenbarungen erhalten, ist jeder von ihnen als Wesen auch nur ein Mensch. Und der Mensch kann mit seinem Wissen nur die von Allah zugelassenen Bereiche erfassen. Daher kann niemand, einschließlich der Propheten, etwas wissen, was unser Schöpfer nicht offenbart hat. Trotzdem ist es kein Fehler oder Mangel, dass die Propheten keine Kenntnis über alles haben. Diesbezüglich verkündet unser Schöpfer im heiligen Qur´an, unseren Propheten ansprechend, Folgendes: *„Sprich: ‚Ich sage nicht zu euch: ‚Bei mir sind Allahs Schätze. Ich kenne das Verborgene auch nicht. Auch sage ich nicht zu euch: Ich bin ein Engel. Ich folge nur dem, was mir offenbart wurde.'"*[40]

Das Verborgene (*Ghayb*) bezeichnet den Bereich, den wir mit unseren fünf Sinnen nicht erfassen können. Die grundlegendsten Themen des *Ghaybs* sind für uns Menschen das Aussehen/die Person Allahs, die Beschaffenheit der Seele und die Ereignisse in Bezug auf den Weltuntergang und des Jenseits. Unsere einzige Informationsquelle zu den Themen des *Ghaybs* sind authentische Überlieferungen. Diese Botschaften werden uns durch die Propheten übermittelt, sofern unser Herr diese ihnen offenbart.

---

40 Al-An'am, 6/50.

DIE GLAUBENSFRAGEN DER JUGEND

Sind die Propheten sündenfrei?

Die Propheten haben fünf grundlegende Eigenschaften, wie etwa *„Sıdq"* (Ehrlichkeit), *„Amanah"* (Vertrauenswürdigkeit), *„Fatanah"* (Klugheit), *„Ismah"* (sündenfrei sein) und *„Tebliğ/Tabligh"* (Übermittlung Allahs Botschaften). *„Sıdq"* bedeutet, dass die Propheten ehrlich sind; *„Amanah"*, dass sie vertrauenswürdig sind; *„Fatanah"*, dass sie intelligent, klug und achtsam sind, *„Ismah"*, dass sie sündenfrei sind und vor Sünden geschützt werden; und *„Tabligh"*, dass sie die Gebote und Verbote Allahs vollständig an die Menschen übermitteln.

Sie haben in ihren gesamten Lebzeiten weder *Kufr* (Gottesleugnung), *Schirk* (Beigesellen) begangen noch leugneten sie religiöse Inhalte oder haben absichtlich eine Sünde begangen. Die kleinen Fehler/Fehltritte (*Zelle*) der Propheten, welche aufgrund ihrer Natur zustande kamen, wurden den Menschen im heiligen Qur´an verkündet, damit sie sich ein Beispiel an ihnen nehmen können. Zu diesen im heiligen Qur´an erwähnten Fehlern der Propheten gehören unter anderem Adams (as.) essen vom verbotenen Baum,[41] der Tod eines Mannes, welches Moses (as.) unabsichtlich verursachte,[42] und dass Jonas (as.) seinen Offenbarungsort verließ.[43] Diese schaden aber dem Rang der Propheten nicht, weil kein Prophet diese kleinen Fehler (*Zelle*) beharrlich verrichtete.

Das Ereignis, welches zur Herabsendung der Sure *Abasa* führte, ist ein Beispiel für die *Zelle* unseres Propheten (saw.).

---

41 Al-Baqara, 2/35-36; al-A´raf, 7/19-20.
42 Al-Qasas, 28/15.
43 Al-Anbiya, 21/87-88; as-Saffat, 37/139-148; al-Qalam, 68/48-49.

Eines Tages sprach unser Prophet (saw.) zu den heidnischen Führern mit der Intention, dass wenn sie sich überzeugen ließen, deren Anhänger den Islam leichter annehmen würden. Während er einem der heidnischen Führer den Islam erklärte, kam sein blinder Gefährte *Abdullah ibn Umm-Maktum* zu ihm. Unserem Propheten (saw.) störte die Ankunft von *Abdullah* (ra.) und diese Unzufriedenheit spiegelte sich in seinem Gesicht wider, weil er das Gespräch, welches er zu einer gewissen Beständigkeit gebracht hatte, nicht unterbrechen wollte. Eigentlich bemerkte der blinde Gefährte die Situation nicht einmal. Trotzdem sandte Allah Ta´ala die ersten Verse der Sura *Abasa*, die Seinen Propheten (saw.) mit einem vorwurfsvollen Ausdruck warnten. Mit diesen Versen verkündete Allah, dass die Anstrengungen des Propheten (saw.) für die Muslime ergiebiger sei, er nicht konkret wissen kann, wer von seinem Rat profitieren wird oder nicht und er nicht für die Führer der Gesellschaft verantwortlich ist.[44] Es wird überliefert, dass dies den Propheten (saw.) sehr bewegte, sodass er von Zeit zu Zeit dem Abdullah ein Kompliment machte, indem er Folgendes beim Zusammentreffen mit ihm sagte: *„Gegrüßt ist die Person, für die mein Herr mich getadelt hat!"*[45] Diese Situation umfasste keine absichtliche oder beharrliche Sünde, sondern war nur eine Warnung für ein Fehler, der nicht wiederholt wurde.

Was ist der Unterschied zwischen einem „Rasul" und einem „Nabi"?

Die Boten, welche Allah unter seinen Dienern auserwählt und beauftragt hat, Seine Gebote und Verbote den Menschen zu

---

44 Al-Abasa, 80/1-12.
45 Ahmed b. Muhammed b. İbrahim es-Sa'lebî, *el-Keşf ve'l-Beyân an Tefsîri'l-Kur'ân*, Dâru İhyâi't-Türâsi'l-Arâbî, Beyrut, 2002, X, 131.

übermitteln, nennt man „Propheten". Das Wort „Peygamber" (Prophet) ist aus dem Persischen in unsere Sprache übergegangen. Im Arabischen wird das Wort „*Rasul*" als Äquivalent für das Wort Prophet verwendet. Ein *Rasul* ist ein Prophet, welcher mit einem neuen Buch und einer neuen Religion, also mit neuen Glaubenspraktiken und Glaubensinhalten an die Menschen gesandt wurde. Ein „*Nabi*" dagegen ist ein Prophet, der mit keinem neuen Buch und mit keiner neuen Religion gesandt wurde. Er wurde stattdessen beauftragt, das Buch und die Religion des vorausgegangenen Propheten an seine Glaubensgemeinschaft zu vermitteln."[46]

Ist Muhammed (saw.) der letzte Prophet?

Der Prophet Muhammed (saw.) ist der letzte Führer, den Allah gesandt hat, um der Menschheit den rechten Weg zu zeigen. Unser Schöpfer weist uns im heiligen Qur´an mit Folgendem eindeutig darauf hin: „*Muhammed ist nicht der Vater eines eurer Männer. Sondern Allahs Gesandter und das Siegel der Propheten. Und Allah kennt alle Dinge.*"[47] Dieser Vers drückt aus, dass mit. Muhammed (saw.) das Prophetentum abgeschlossen ist. Das Wort „*Khatam/Hatem*", welches unser Schöpfer in dem Vers bevorzugt hat, um auszudrücken, dass Muhammed (saw.) der letzte aller Propheten ist, bedeutet gleichzeitig „Siegel". Ein Siegel wird verwendet, um eine Arbeit, ein Brief, ein Edikt etc. zu vollenden und abzuschließen. Durch das Versiegeln von etwas wird dieser Vorgang abgeschlossen. Dementsprechend ist Muhammed (saw.) sowohl der letzte aller Propheten als auch das Ende

---

46 Yusuf Şevki Yavuz, "Peygamber", DİA, c. 34, s. 257-262.
47 Al-Ahzab, 33/40.

des Prophetentums und gleichzeitig ein göttliches Siegel, welches alle anderen Propheten bestätigt.

Was bedeutet es, dass Allah unseren Propheten (saw.) als „eine Barmherzigkeit für die Welt" gesandt hat?

Es ist Allah keine Pflicht, einen Propheten zu senden, trotzdem sandte er Propheten. Allahs Senden eines Propheten ist nichts weiter als das Ergebnis Seiner Barmherzigkeit. Der Mensch kann Wissen produzieren, aber diese Eigenschaft ist begrenzt. Darüber hinaus ist seine Lebenserwartung sehr kurz. Es ist schwierig, dass ein solch begrenztes/eingeschränktes Wesen die breite Perspektive der Existenz vollständig verstehen und ihre praktischen und theoretischen Probleme analysieren kann. In diesem Sinne ist die Sendung der Propheten, welche die Menschen führen, buchstäblich eine Barmherzigkeit und Gnade Allahs.[48]

Unser Schöpfer, Der Propheten als Werk Seiner Barmherzigkeit sandte, schickte den letzten Propheten, Muhammed (saw.) als *„Barmherzigkeit für die Welten"*.[51] Da unser Prophet (saw.) nicht nur für eine bestimmte Gesellschaft, sondern für die gesamte Menschheit gesandt wurde. Durch unseren Propheten (saw.) hat die gesamte Menschheit eine göttliche Offenbarung erlangt, welche die Glückseligkeit in der Welt und im Jenseits sicherstellt.[52]

---

48 Bekir Topaloğlu, Yusuf Şevki Yavuz, İlyas Çelebi, İslam'da İnanç Esasları, s. 151.

Schaden viele Segnungsbittgebete (*Salawat*) für Muhammed (saw.) dem *Tawhid*-Glauben❓
(absoluten Monotheismus)

„*Salawat*" ist die Bezeichnung für das Bittgebet (*Du´a*), welches den Wunsch ausdrückt, dass Allahs Barmherzigkeit und Frieden mit dem Propheten (saw.) sein mögen. Es ist undenkbar, dass das Segnungsbittgebet (*Salawat*), welches die Liebe, Hingabe und Unterstützung für den Propheten (saw.) zum Ausdruck bringt, gegen den *Tawhid*-Glauben (absoluten Monotheismus) verstößt. Denn im heiligen Qur´an wird Folgendes verkündet: *„Siehe, Allah und Seine Engel segnen den Propheten. Oh ihr, die ihr glaubt! Sprecht den Segenswunsch für ihn und begrüßt ihn mit dem Friedensgruß."*[49] Unser geliebter Prophet (saw.) ermutigte die Menschen mit der folgenden Aussage *Salawat* aufzusagen: *„An dem Tag des Jüngsten Gerichts sind mir diejenigen am nächsten, die für mich viele Salawat aufsagten"*[50]; und auch islamische Gelehrte erklärten, dass das Aufsagen des *Salawats* eine *Sunnah* (Religionspraxis unseres Propheten saw.) ist. Im Laufe der Geschichte wurde darauf geachtet, bei der Erwähnung des Namens, unseres Propheten (saw.), immer respektvoll zu sein und für ihn *Salawat* aufzusagen. Auch Gläubige, welche auf seine Fürsprache hofften, sagten des Öfteren Salawat für ihn auf.[51]

---

49 Al-Ahzab, 33/56.
50 Tirmizî, Vitir, 21.
51 Mehmet Suat Mertoğlu, "Salâtüselâm", DİA, c. 36, s. 23-24.

DER GLAUBE AN DIE PROPHETEN

Welche Bedeutung hat Abraham/*Ibrahim* (as.) für das Judentum, Christentum und den Islam?

Der heilige Qur´an besagt, dass Abraham/*Ibrahim* (as.), der sowohl im Islam, im Christentum als auch im Judentum einen wichtigen Platz einnimmt, einer der „*Hunafa*" (Gottergebenen) war.⁵² Abraham (as.) wird so betitelt, weil er unter allen Umständen auf der Seite der Gerechtigkeit und des Rechts stand und stets den richtigen Weg wählte, ohne sich der Ungerechtigkeit zu beugen. Er war insbesondere dafür bekannt, dass er sich den *Tawhid*-Glauben (Monotheismus) aneignete und sich in seiner Gesellschaft gegen den Götzendienst einsetzte. Allah, Der Allmächtige, befahl unserem Propheten (saw.) der Religion Abrahams (as.), der ein *Hanif* (Gottergebener) war, zu folgen und seinen Weg fortzusetzen.⁵³ Auch für aufrichtige Muslime wurde das Wort „*Hanif*" als Eigenschaft verwendet. Unser Prophet (saw.) verkündet in einem seiner *Ahadithe* (Überlieferungen) Folgendes: *„Ich wurde nicht mit dem Judentum oder dem Christentum gesandt, sondern mit der toleranten Hanif-Religion."*⁵⁴

Der Name des Sohnes Abrahams (as.) von seiner Ehefrau *Sara* lautet „Isaak" und der Name seines Sohnes seiner anderen Ehefrau *Hadscha*r ist „Ismael". Das Judentum und Christentum stammen aus der Abstammung seines Sohnes Isaak, welche sich Israeliten nannten. Die Abstammungslinie unseres Propheten (saw.) hingegen reicht über die Nachkommenschaft Ismaels (as.) bis zu Abraham (as.). Darüber

---

52 „Abraham war weder Jude noch Christ; vielmehr war er rechtgläubig, ein Gottergebener und keiner derer, die Gott Gefährten beigesellen." Al-i Imran, 3/67.
53 An-Nahl, 16/120; al-Baqara, 2/135.
54 İbn Hanbel, V, 266.

hinaus akzeptieren die Juden *Hadschar* nicht, weil sie eine Sklavin war. Sie behaupten, dass durch die Tatsache, dass *Sara* die rechtmäßige Ehefrau Abrahams (as.) war, so das gelobte Land dementsprechend über das Erbe Abrahams (as.) an seinen Sohn Isaak und über ihn an sie hinterlassen wurde.

Das Wichtigste, was betont werden muss, ist, dass Abraham (as.) von den Anhängern der drei großen himmlischen Religionen als Autoritätsperson und Prophet akzeptiert wird. Folglich basierten das Judentum und Christentum vor ihrer Verfälschung auf dem *Tawhid-Glauben* (absoluten Monotheismus); und in der Periode der ersten Offenbarungen unterstützen diese beiden Religionen die Prinzipien des *Tawhids*, genauso wie der Islam auch.

Später konnten diese Menschen den Kern/Ursprung ihrer Religion nicht bewahren, und unser Schöpfer sandte deshalb Muhammed (saw.) als letzten Propheten, weil sie sich durch das Beigesellen Allahs vom *Tawhid* entfernt haben.

Wenn der erste Mensch ein Prophet war, stammen wir dann alle von einem Propheten ab?

Die gesamte Menschheit stammt vom ersten Menschen, der gleichzeitig auch der erste Prophet war, Adam (as.) ab. Aus der Linie des Propheten zu kommen, bietet jedoch keinen Vorteil, das Paradies zu erlangen oder sich von der Hölle zu befreien. Einer der offensichtlichsten Beispiele dafür ist, dass einer der Sohn Adams (as.) seinen Bruder ermordete, oder der Sohn Noahs (as.) Allah leugnete und so in den Fluten ertrank. Zusammenfassend stammen wir alle von einem Propheten ab, dennoch bewertet uns Allah anhand unseres

Glaubens und unseres Verhaltens, welches von unserem Glauben abhängig ist.

Waren abgesehen von Muhammed (saw.) die anderen Propheten auch Muslime?

Die Essenz der Religionen, die Allah zu unterschiedlichen Zeiten sandte, ist dieselbe. Alle Propheten luden die Menschen ein, allen voran an Allah zu glauben, d.h. sie wurden eingeladen an die Prinzipien des *Tawhid* (absolute Monotheismus) zu glauben. Der Name aller gesandten Religionen, beginnend bei Adam (as.), ist „der Islam" und die Gläubigen dieser Religionen werden „Muslime" genannt. Unser Schöpfer drückt dies im heiligen Qur´an wie folgt aus: *„Sprich: ‚Wir glauben an Allah und an das, was auf uns herabgesandt worden ist und was auf Abraham und Ismael und Isaak und Jakob und die Stämme herabgesandt worden war und was Moses und Jesus und den Propheten von ihrem Herrn gegeben wurde. Wir machen keinen Unterschied zwischen einem von ihnen; und wahrlich, wir sind Muslime.'"*[55]

So verwendet unser Schöpfer selbst mit folgendem Vers: *„Abraham war weder Jude noch Christ; vielmehr war er rechtgläubig, ein Gottergebener und keiner derer, die Gott Gefährten beigesellen"*[56], die Bezeichnung „Muslim" für Abraham (as.). *„Siehe, die Religion bei Allah ist der Islam."*[57] Es gibt nichts Natürlicheres, als dass alle Propheten Muslime waren, welche von Allah gesandt wurden, Der für die Menschen als Religion den Islam auserwählte.[58]

---

55 Al-Baqara, 2/136.
56 Al-i Imran, 3/67.
57 Al-i Imran, 3/19.
58 Yusuf Şevki Yavuz, "Peygamber", DİA, c. 34, s. 257-262.

Wenn alle Propheten den Islam angenommen haben, warum haben sie dann verschiedene Religionen mit unterschiedlichen Namen vermittelt?

Während der gesamten Weltgeschichte sandte Allah Propheten und Bücher aus der Mitte unterschiedlicher Nationen und befahl so den Menschen nur Ihn anzubeten. Der Mensch war in jeder Epoche in Bezug auf sein Wesen und seine Erschaffung schon immer gleich. Der Zweck der Religion war es, den Menschen zu lehren, wie sie Allah anbeten und Ihm dienen sollen, damit sie dadurch den inneren Frieden erlangen.

Eine weitere Bedeutung des Wortes „Islam" ist es, dass es der allgemeine Name der Religion ist, welche Allah durch seine Propheten sandte. Andere Propheten (außer Muhammed saw.) vermittelten keine unterschiedlichen Religionen mit unterschiedlichen Namen. Wie wir aus dem heiligen Qur´an entnehmen könne, vermittelte jeder Prophet die islamische Religion. Alle Propheten - von Adam (as.) bis Muhammed (saw.) - wurden gesandt, um die wahre Religion, den Islam, zu verkünden: *„Siehe, die Religion bei Allah ist der Islam. Und die, denen die Schrift gegeben wurde, wurden erst uneins, nachdem das Wissen zu ihnen gekommen war - aus Neid aufeinander. Und wer die Zeichen Allahs verleugnet — siehe, Allah ist schnell im Abrechnen."*[59]

„Islam" ist gleichzeitig der besondere Name der Religion, die unser Prophet (saw.) vermittelt hat. Die Basis aller Religionen, die von Allah gesandt wurden, ist bezüglich ihrer

---
59 Al-i Imran, 3/19.

Anlehnung an den *Tawhid*-Glauben und an die Anbetung Allahs, gleich. Obwohl die Glaubensprinzipien, welche die Grundlage einer Religion bilden, in allen Religionen gleich bleiben, gibt es einige Unterschiede unter ihnen bezüglich ihrer weltlichen Taten und Glaubenspraktiken. Unser Schöpfer verkündet, dass Er für jedes Volk eine klare *Scharia* (Religion) und einen Weg festgelegt hat.[60] Daher wurden in jeder Epoche Änderungen an den Bestimmungen vorgenommen, sodass sie den Bedürfnissen der jeweiligen Gesellschaften entsprachen. Während zum Beispiel das Gebet in unserer Religion auf fünf Tageszeiten beschränkt ist, gab es in der *Scharia* von Moses (as.) noch mehr Gebetszeiten. Außerdem wurden einige Lebensmittel dem Volk Moses (as.) verboten, während unser Prophet (saw.) diese seiner Glaubensgemeinschaft erlaubte.

Kommen die Wunder nur in Bezug auf die Propheten vor? Können normale Menschen auch Wunder erleben?

Als „Wunder" werden außergewöhnlichen Ereignisse bezeichnet, deren Ähnliches die Menschen nicht hervorbringen können, und die Allah erschaffen hat, um Seine Diener, die Er als Propheten auserwählt hat, zu bestätigen und zu unterstützen. Ein Wunder geschieht zwar durch die Hand der Propheten, dessen Schöpfer ist jedoch Allah. Obwohl einige wundersame Ereignisse den Wundern ähnlich sind, weisen sie große Unterschiede untereinander auf. Zuallererst treten solche wundersamen Ereignisse bei Menschen auf, die keine Propheten sind. Während es keineswegs möglich ist, Wunder zu imitieren, können andere außergewöhnliche Zu-

---

60 Al-Maida, 5/48.

stände nachgeahmt werden. Die wundersamen Ereignisse der „*Wali*" (Heiligen), also derjenigen, die sich unserem Propheten (saw.) widmen und ihm akribisch folgen, nennt man „*Karamah*" (außergewöhnliche Ereignisse). „*Maunet/Ma´unah*" ist dagegen die Bezeichnung für Allahs außergewöhnliche/wundersame Errettung eines Seiner muslimischen Diener, aus einer Schwierigkeit oder aus einem Problem.[61]

Der Unterschied zwischen einem Wunder und einer *Karamah,* so wie es im islamischen Verständnis gibt, gibt es in den anderen Religionen nicht. Aus diesem Grund bezeichnen sie sowohl wundersame Ereignisse, welche durch göttliche Kraft entstanden sind, als auch außergewöhnliche Ereignisse, welche von einer religiösen oder charismatischen Persönlichkeit ausgehen, als Wunder.[62]

---

61 *İlmihal,* c. 1, s. 113-115.
62 Salime Leyla Gürkan, "Mûcize", DİA, c. 30, s. 352.

Was bedeutet „Achirah" (das Jenseits)?

Nach islamischem Glauben werden die Phasen des menschlichen Lebens und die Zustände, die ihn in Zukunft erwarten, in vier Phasen benannt. Die erste davon ist die „Phase der Seele", welche von der Erschaffung der Seele bis zu ihrem Einhauchen in den Körper dauert. Die zweite ist das „weltliche Leben", das mit der Geburt beginnt und mit dem Tod endet. Danach folgt die dritte Phase „das Leben im Grab", welches mit dem Tod beginnt und mit der Auferstehung endet. Die letzte Phase dagegen ist „das Leben im Jenseits *(Achirah)*", welches mit der Auferstehung beginnt und für immer andauert.[1]

Das Wort „*Achirah*" ist ein arabisches Wort. Es ist das Femininum des Wortes „*Achir*", welches „das Ende", „das Nächste" bedeutet. Das Wort erinnert daran, dass das weltliche Leben, genauso wie alles andere auch, ein Ende hat. Es drückt außerdem das unendlich andauernde Leben aus, welches nach dem weltlichen Leben beginnt. Der heilige Qur´an warnt diejenigen, welche die *Achirah*/das Jenseits verleugnen – da der Glaube an das Jenseits ein klarer Bestandteil der Glaubensprinzipien ist, welcher auch von den Propheten vermittelt wurde – mit folgendem Vers: *„Wer nicht an Allah und Seine Engel und Seine Bücher und Seine Gesandten und an den Jüngsten Tag glaubt, der ist weit abgeirrt."*[2]

---

1 Bekir Topaloğlu, Yusuf Şevki Yavuz, İlyas Çelebi, , İslam'da İman Esasları s. 265.
2 An-Nisa, 4/136.

DIE GLAUBENSFRAGEN DER JUGEND

Neben der Notwendigkeit des Glaubens an das Jenseits, gibt der heilige Qur´an Auskunft über Inhalte, die uns im jenseitigen Leben erwarten und die wir mit unserem Verstand nicht erfassen können, wie etwa die *Qiyamah* (der Weltuntergang), *Haschr* (die Versammlung), *Machschar* (der Jüngste Tag), *Mizan* (die Waage), *Dschannah* (das Paradies) und *Dschahannam* (die Hölle). Laut dem heiligen Qur´an wurde die Welt und alles in ihr nur vorübergehend und für eine bestimmte Zeit erschaffen.[3] Wenn die Zeit gekommen ist, wird die Ordnung des Universums zusammenbrechen und alle lebenden und nicht lebenden Wesen werden verschwinden. Der heilige Qur´an definiert dieses Ereignis als *Qiyamah* (Weltuntergang). Das Ende der Welt wird kommen, sobald der Engel namens *Israfil* in das Horn bläst[4] und die *Qiyamah* mit all ihrem Entsetzen ausbricht. Der Ausdruck: *„Wenn die Sonne in Dunkelheit eingehüllt wird, und wenn die Sterne ihren Glanz verlieren, und wenn die Berge sich in Bewegung setzen [...]"*[5], gibt eindeutig Auskunft darüber, wie die *Qiyamah* eintreten und wie die Ordnung des Universums zusammenbrechen wird. Nachdem er in das Horn ein zweites Mal geblasen hat, werden alle Lebewesen erneut auferstehen.[6] Der heilige Qur´an gibt eindeutig Auskunft darüber, dass in Folge der Auferstehung, die Versammlung in einem sehr großen Bereich, namens *Machschar* stattfinden wird,[7] wo dann die Tatenbücher/Tatenregister ihren Besitzern ausgehändigt werden, worin all ihre weltlichen Taten dokumentiert wurden, anschließend bis in kleinste Detail Rechenschaft abgegeben wird[8] und anhand dieser Ergebnis-

---

3 Al-Ankabat, 29/64; al-Mu'min, 40/39; al-Hadid, 57/20.
4 Lütfullah Cebeci, "İsrâfil", *DİA*, c. 23, s. 180-181.
5 At-Takwir, 81/1-3.
6 An-Naba', 78/18.
7 Hud, 11/103.
8 Al-Anbiya, 21/47

se die Höllen- und Paradiesbewohner identifiziert werden.⁹ Das tatsächliche und beständige Leben, welches zeitgleich mit dem neuen Lebensabschnitt beginnt und für ewig dauern wird, ist unser Leben im Jenseits.

Der Glaube an das Jenseits, der eindeutig im heiligen Qur´an und in den authentischen (*sahih*) *Ahadithen* (Überlieferungen) enthalten ist und ausführlich beschrieben wird, ist ebenso in fast allen Religionen und Denksystemen, welche die Existenz Gottes akzeptieren, seit Beginn der Menschheitsgeschichte fest verankert.¹⁰

Wie kann die Existenz des Jenseits erfasst werden?

Der Glaube an das Jenseits ist eines der Glaubensprinzipien des Islam. In sehr vielen Versen des heiligen Qur´ans wird der Glaube an Allah und der Glaube an das Jenseits gemeinsam erwähnt und es wird erläutert, dass diejenigen, die das Jenseits leugnen, zeitgleich auch Allah leugnen.¹¹ Das Jenseits ist eine Frage des Glaubens, welchen Allah und alle Propheten uns zweifellos verkündet haben. Alle himmlischen Religionen beinhalten diesen Glauben. Das Leben im Jenseits ist jedoch kein Leben, das wir mit unseren Augen sehen und mit unseren Sinnen erfassen können. Die Existenz des Jenseits kann nicht durch die Methoden der Wissenschaften bewiesen werden. Wir können ausschließlich aus den Versen des heiligen Qur´ans und aus den authentischen (*sahih*) *Ahadithen* (Überlieferungen) entnehmen, wie die Welt untergehen und wie das Leben im Jenseits ablaufen wird.

---

9 Al-Qaria, 101/6-9; al-A'raf, 7/8-9.
10 Bekir Topaloğlu, "Âhiret", DİA, c. 1, s. 543.
11 Al-Baqara, 2/4, 62, 177; an-Nisa, 4/38; ar-Ra'd, 13/5.

Es gibt beinahe keine Sura im heiligen Qur´an, welche nicht vom Jenseits berichtet. Wie es möglich ist, nach dem Tod aufzuerstehen, wird mit einem analog zum Naturereignis des Jahreszeitenwechsels, dem Übergang vom Winter in den Frühling, erläutert.[12] In einigen Versen wird uns anhand einiger Beispiele vermittelt, dass die Erschaffung des Menschen nicht schwieriger ist, als die Erschaffung des geordneten und systematischen Universum, und dass die Auferstehung viel einfacher und leichter ist, als die erste Erschaffung.[13] In den Versen heißt es auch, dass diejenigen, die nicht an das Jenseits glauben, nur nach ihrem Gutdünken handeln, arrogant, gewissenlos und leugnend sind.[14]

Abgesehen von den Versen im heiligen Qur´an, haben wir auch viele rationale Beweise, die uns zur Existenz des Jenseits führen. Unser Herr hat uns auf die schönste Weise erschaffen und das Universum uns zu Diensten gemacht. Dass diese Existenz mit dem Tod enden soll, ist vergleichbar mit einem Schneider, der ein schönes Kleid näht und diesen im Anschluss in den Müll wirft. Unser Leben gewinnt ausschließlich mit der Existenz des Jenseits an Bedeutung. Dass es eine Zeitspanne geben wird, in der alle Arten von Ereignissen, Grausamkeiten, Ungerechtigkeiten und Schmerzen, die wir uns während des diesseitigen Lebens nicht erklären konnten, vergolten und wir so entschädigt werden, befriedigt unser instinktives Gerechtigkeitsempfinden. In dieser Welt wird nicht jeder für sein Verbrechen vollständig bestraft. Es wäre unmöglich den erlebten Ungerechtigkeiten, Grausamkeiten und Schmerzen einen Sinn zu geben, wenn dem nicht ein Leben folgen würde, in dem die absolute Ge-

---

12 Az-Zuhruf, 43/11; Yasin, 36/33.
13 Ar-Rum, 30/27; Yasin, 36/79; as-Saffat, 37/11; al-Mu'min, 40/57.
14 An-Nahl, 16/22; al-Dschasiyah, 45/24; al-Mutaffifin, 83/10-14.

rechtigkeit siegt, indem die Bösen bestraft und die Guten vollständig entschädigt werden.

Der Wunsch nach „langem Leben" ist eines der Beweise, die uns die Existenz des Jenseits spüren lässt. Wir alle haben ein Verlangen nach der Ewigkeit. Der Ort, an dem dieses Verlangen befriedigt wird, ist das Jenseits. Eine Auflösung im Nichts, bei dem alles Leben mit dem Tod endet, treibt uns zu Hoffnungslosigkeit und erzeugt seelischen Stress. Die Existenz des Jenseits macht unser Leben psychologisch und sozial bedeutungsvoller.

Wie trägt der Glaube an das Jenseits zu meinem täglichen Leben bei[15]?

An das Jenseits zu glauben bedeutet, an die Existenz eines ewigen Lebens nach der *Qiyamah* (Weltuntergang) zu glauben, welches mit dem Tod aller Menschen abgeschlossen wird. Der Mensch strebt von Natur aus die Ewigkeit an, er mag das „Nichtexistieren" nicht und möchte ewig leben. Die Geschichte der menschlichen Philosophie zeigt, dass bestimmte spirituelle Gefühle im Menschen nicht mit den vorübergehenden Freuden dieser vergänglichen Welt befriedigt werden können. In dieser Hinsicht ermöglicht der Glaube an das Jenseits dem Menschen, seine Handlungen im Einklang mit seiner Erschaffung zu bringen. Unser Schöpfer erschuf die Menschen so, dass sie das Bedürfnis nach verschiedenen Dingen verspürten, im Gegenzug erschafft Er die Gaben/Segen, welche diese Bedürfnisse befriedigen. Zum Beispiel erschuf Er eine Vielzahl von Speisen und Ge-

---

15 Für weitere Informationen in Bezug auf dieses Thema, siehe auch: Temel Yeşilyurt, Mehmet Taşdelen, "Ahiret İnancının Pratik Yansımalar", *Kelam Araştırmaları Dergisi*, 2012, 10/2, s. 55-68.

tränken, um die Bedürfnisse Seiner Diener zu decken, die Er mit dem Bedarf nach Essen und Trinken erschuf. Während Er die Fähigkeit zu Lieben in ihre Herzen legte, erschuf Er Eltern, Kinder und Ehepartner, an die sie ihre Liebe richten können. Er ließ Seine Diener nicht hilflos, indem er ein bestimmtes Gefühl und Bedürfnis erschuf, ohne auf dieses Bedürfnis einzugehen. Allah, Der die Menschen mit der Sehnsucht nach der Ewigkeit kreierte, erschuf gleichzeitig das Leben im Jenseits, um diese Sehnsucht und dieses Bedürfnis zu befriedigen. Das wissenschaftliche, künstlerische und kulturelle Erbe der Menschheitsgeschichte ist das Ergebnis dieses Strebens im Menschen nach Unsterblichkeit.

Der Glaube an das Jenseits gibt den Menschen Hoffnung für das Leben und erleichtert es. Es ist für eine Person nicht leicht, standhaft zu sein, während ihr sehr viele Probleme und Schmerzen gegenüberstehen. Der Glaube an das Jenseits hilft den Menschen, sich zu trösten und sich vor den Schmerzen in Schutz zu nehmen. Er sorgt für die Erneuerung der Hoffnung und der Lebensfreude. Zu glauben, dass er im Jenseits als Gegenleistung für seine Ausdauer und Geduld belohnt werden wird, die er angesichts der Ereignisse, die ihm in dieser Welt widerfuhren, zeigte, macht einen Menschen widerstandsfähig gegenüber den Schwierigkeiten des Lebens. Menschen, die nicht an das Jenseits glauben, können ihre Widerstandsfähigkeit gegenüber Schwierigkeiten sehr schnell verlieren und dadurch verzweifeln.

Ein Mensch, der an das Jenseits glaubt und sich bewusst ist, dass er für seine guten Taten belohnt wird, wird sich mit Dingen befassen, die für ihn und die Menschheit von Vorteil sind, anstatt sein Leben in dieser Welt mit Müßiggang und bedeutungslosen Dingen zu verbringen. Mit anderen Worten, der Glaube an das Jenseits verhindert das Schlechte im

Menschen, befriedigt sein inhärentes Gewissen und seinen Sinn für Gerechtigkeit. Eine Person, die glaubt, dass die absolute und wahre Gerechtigkeit nicht im Diesseits, sondern im Jenseits siegen wird, wird angesichts der Ungerechtigkeiten im Diesseits seine Hoffnung nicht verlieren. Er gibt auf der Welt sein Bestes und sucht Zuflucht bei seinem Schöpfer.

Der Glaube an das Jenseits lässt das Verantwortungsbewusstsein der Menschen gedeihen und verleiht deren Leben einen Sinn. Wenn wir für unsere Entscheidungen auf dieser Welt nicht verantwortlich wären und es kein Jenseits gäbe, wo wir für diese Verantwortlichkeiten Rechenschaft abgeben müssen, so würden die Mächtigen seit Beginn der Schöpfung der Welt bis zum Tag des Jüngsten Gericht mit ihren Ungerechtigkeiten davonkommen. Der Glaube an das Jenseits und der Gedanke, dass sie für ihre Handlungen verantwortlich gemacht werden, verhindern, dass sich Menschen ungerecht gegenüber sich selbst und gegenüber anderen verhalten, und geben seinem Verhalten eine Richtung und ein Ziel.

Schließlich verringert der Glaube an das Jenseits die menschliche Angst vor dem Unbekannten in Bezug auf den Tod und alles, was darüber hinaus folgt. Jeder, der nicht an ein Leben nach dem Tod glaubt, leidet unter dem Gedanken, dass jeder vergangene Tag, ihn zu einem dunklen Ende und zur Vernichtung führt. Durch das Gefühl der Leere kann er alle möglichen negativen Verhalten zeigen, die ihn davon abhalten, über das Ende nachzudenken. Im Gegensatz dazu wird derjenige, der an das Jenseits glaubt, denken, dass der Tod keine Auflösung im Nichts, sondern der Beginn des ewigen Lebens ist; er wird deswegen mit den Vorbereitungen beginnen und sich bemühen, anhand guter Taten und Verhaltensweisen sich selbst und der Menschheit nützlich zu sein.

Stellen wir uns nun vor, dass alle Menschen auf der Welt an das Jenseits glauben würden, wo sie ein Gericht erwartet, worin sie für jede kleine oder große Tat Rechenschaft abgeben müssen und es kein Entkommen davor gibt, und dass sie (die Menschen) dementsprechend handeln würden. Wie würde die Welt eurer Meinung nach aussehen?

Hat diese Welt ein Ende?

Nach islamischem Glauben hat die Welt sowohl einen Anfang als auch ein Ende. In sehr vielen Versen im heiligen Qur´an wird betont, dass das weltliche Leben nur vorübergehend ist. Unser Schöpfer verkündet Folgendes: „*[...] Dieses irdische Leben ist nur ein Nießbrauch auf Zeit. Das Jenseits aber ist die Wohnung auf Dauer.*"[16] Der Glaube, dass die Welt ein Ende hat, ist auch im Judentum und im Christentum vorhanden.

Es ist unser Schöpfer, Der das Universum erschaffen und die Gesetze darin aufgestellt hat, welche die Natur strukturieren. Ebenso unterliegt es Allahs Willen, diese Gesetze aufzuheben und die Welt untergehen zu lassen, indem Er dem Engel namens *Israfil* befiehlt, in das Horn zu blasen. Allah, Der Allmächtige, bestimmt die Dauer der Welt, genauso wie Er die Lebenserwartung der Menschen bestimmt. Ein Muslim glaubt, dass die Welt ein Ende hat und es zu einem Weltuntergang kommen wird.[17]

---

16 Al-Mu'min, 40/39.
17 Mustafa Çağrıcı, "Yer", DİA, c. 43, s. 476-478.

Wie können wir wissen, dass sich der Weltuntergang nähert

Wann der Zeitpunkt des Weltuntergangs ist, kann niemand wissen; dieses Wissen obliegt nur unserem Schöpfer. Unser Schöpfer, Der diese Information vor uns verbirgt, hat jedoch allen Menschen die Anzeichen des Weltuntergangs sowohl durch den heiligen Qur´an als auch durch die Worte unseres Propheten (saw.) offenbart.

Einige der Anzeichen des Weltuntergangs sind in Bezug auf ihre Entstehung über einen langen Zeitraum ausgedehnt und treten abhängig vom menschlichen Willen und Verhalten auf, wie z.B. durch die Vernachlässigung religiöser Pflichten und durch den moralischen Zerfall. Zu den erwähnten Anzeichen des Jüngsten Gerichts gehört unter anderem, dass unser Prophet (saw.) gesandt und damit das Prophetentum beendet wurde, das Verschwinden vom Wissen und die Verbreitung der Unwissenheit, der verbreitete und offenkundige Alkoholkonsum und die öffentliche Sittenlosigkeit/Unzucht, die Übertragung der Verantwortlichkeit auf Personen, die inkompetent und nicht prädestiniert sind, die steigende Anzahl der Morde/Tötungsdelikte, der Überfluss an weltlichen Gütern, das Nichtvorhandensein von Bedürftigen, denen man *Zakah* (Armensteuer) geben könnte. [18]

Abgesehen von diesen Anzeichen zählte unser Prophet (saw.) im folgenden *Hadith*: *„Die Welt wird nicht untergehen, sofern ihr diese 10 Anzeichen nicht gesehen habt"*[19], eine Reihe von Ereignissen auf, die kurz vor dem Weltuntergang möglicherweise nacheinander auftreten werden. Die besagten Ereignisse werden jegliche Naturgesetze überschreiten und un-

---

18 Buhârî, Tefsîr, (Nâziât) 1, Hudûd, 20, Fiten, 25; Tirmizî, Fiten, 34; İbn Mâce, Fiten, 25.
19 Müslim, Fiten, 39; Ebû Dâvûd, Melâhim, 11; İbn Mâce, Fiten, 28.

abhängig vom menschlichen Willen/Eingreifen stattfinden, wie etwa der *Duhan* (der Rauch), Ankunft des *Daddschal* (Antichrist), das Auftreten des *Dabbat al-Ard* (Geschöpf aus/ von der Erde), das Aufgehen der Sonne vom Westen, die Invasion durch *Ya'dschudsch und Ma'dschudsch* (Gog und Magog), die Ankunft Jesu (as.), der Untergang/Einsinken einiger Länder und das Entstehen des Feuers.[20]

Wann wird die Welt untergehen?

Die Menschen haben sich das im Laufe der Geschichte schon immer gefragt und in jeder Epoche wurden diesbezüglich verschiedene Vorhersagen und Prophezeiungen gemacht. Allerdings weiß nur unser Schöpfer, wann die Welt untergehen wird. Im heiligen Qur'an heißt es wie folgt: *„Und sie werden dich nach der Stunde befragen, auf wann sie festgesetzt ist. Sprich: ‚Von ihr weiß allein mein Herr. Und Er allein wird sie zu ihrer Zeit erscheinen lassen. Schwer lastet sie (die Qiyamah) auf den Himmeln und der Erde. Nicht anders als plötzlich kommt sie über euch.' Sie fragen dich, als ob du über sie unterrichtet sein könntest. Sprich: ‚Allein Allah weiß von ihr. Doch die meisten Menschen wissen darüber nicht Bescheid.'"*[21]

Der Mensch begrüßt den Tod nicht, aber die *Qiyamah* (der Weltuntergang) eines jeden beginnt mit seinem eigenen Tod. Unser geliebter Prophet (saw.) entgegnete auf die Frage: „Oh Gesandter Allahs, wann wir die Welt untergehen?", mit: *„Was hast du für ihn (den Weltuntergang) vorbereitet (wie hast du dich darauf vorbereitet)?"*[22] Ein Muslim sollte sich nicht mit dem Zeitpunkt des Weltuntergangs beschäftigen, sondern mit seiner Vorbereitung auf diesen Tag. Wenn wir

---

20 Müslim, Fiten, 39; Ebû Dâvûd, Melâhim, 11; İbn Mâce, Fiten, 28.
21 Al-A'raf, 7/187.
22 Buhârî, Edeb, 96.

unseren Schöpfer und unseren Propheten (saw.) aufrichtig lieben, den Weg Allahs und den seines Gesandten folgen, so werden wir bestmöglich auf den Tag des Jüngsten Gerichts vorbereitet sein.[23]

Was erwartet uns nach dem Weltuntergang?

In Anbetracht der Offenbarungen im heiligen Qur´an, wird die Welt erst dann untergehen, wenn der Engel namens *Israfil* in das Horn, das *„Sur"* genannt wird, bläst.[24] Nach einer uns unbekannten Zeit, wird ein zweites Mal in das Horn gestoßen und die erneute Auferstehung (*Ba´s*) wird stattfinden.[25] In dieser Auferstehung werden Körper und Seele zusammen (vereint) sein. Die auferstandenen Menschen werden sich an einem Ort namens *Mahscher* (*Arasat*) versammeln[26] und jeder bekommt ein Buch, worin seine Taten auf der Welt dokumentiert wurden.[27] Diese Bücher, welche von den Engeln namens *Kiraman Katibin* verfasst worden sind, werden demjenigen, der in das Paradies kommt von seiner rechten Seite gereicht und demjenigen, der in die Hölle kommt, von seiner Linken oder von hinten gereicht.[28] An diesem Punkt beginnt Allah, die Menschen zur Rechenschaft zu ziehen.[29] Während der Rechenschaft werden die Menschen gefragt, wo und wie sie ihr Leben verbracht haben, womit sie ihre Jugend vergeudet haben, wie sie ihren

---

23 Bekir Topaloğlu, "Kıyamet", DİA, c. 25, s. 516-522.
24 Yasin, 36/49.
25 Yasin, 36/51. Für Überlieferungen bezüglich des ersten Hornstoßes, siehe auch: Buhârî, Enbiyâ, 35; Müslim, Fiten, 116, 141, Fezâil, 159.
26 Al-i Imran, 3/158; al-An'am, 6/51, 72, 128; as-Saba', 34/40; al-Ahkaf, 46/6.
27 Al-An'am, 6/60; al-Anbiya, 21/94; al-Qaf, 50/18; az-Zuhruf, 43/80.
28 Al-Haqqa, 69/18-26; al-Inschikak, 84/6-12.
29 Buhârî, Tefsîr, (Benî İsrâîl) 5; Müslim, Îmân, 322-328.

Besitz erworben und wofür sie ihn ausgegeben haben und ob sie ihr erworbenes Wissen angewandt haben.[30] Nach der Rechenschaft werden die in der Welt geleisteten Taten und Handlungen auf der Waage (*Mizan*),[31] welche als Maß für die göttliche Gerechtigkeit steht, ausgewogen. Niemandes Recht (*Haq*) bleibt unberücksichtigt und derjenige, dessen Waagschale überwiegt, wird die Erlösung erlangen, während derjenige, dessen Waagschale unzureichend gewichtet, in die Hölle getrieben wird. In Folge der *Mizan* muss die „Brücke" (*Sirat*), welche laut den Überlieferungen über der Hölle ausgespannt ist, überquert werden; die Paradiesbewohner werden die Brücke schnell und leicht überqueren, während die Höllenbewohner es nicht schaffen werden.[32] Ab diesem Zeitpunkt beginnt das ewige Leben.

Wie wird die Auferstehung sein?

Die Auferstehung, die „*Ba´s*" genannt wird, bedeutet, dass Allah Seine Diener aus dem Grab holt, indem Er sie wiederbelebt, damit das ewige Leben beginnen kann. Außerdem ist der Glaube an die Auferstehung eines der Glaubensprinzipien des Islams, wobei diejenigen, die dies leugnen, aus der Religion austreten.[33] Unser Schöpfer verkündet bezüglich der Auferstehung Folgendes: *„Wie könnt ihr Allah leugnen, wo ihr tot wart und Er euch lebendig machte? Dann wird Er euch sterben lassen; dann wird Er euch wieder lebendig machen; Dann kehrt ihr zu Ihm zurück."*[34] Es ist seltsam, dass ein Mensch, der nicht über seine Erschaffung (Fleischwerdung) im Mutterleib erstaunt ist (nicht daran zweifelt), erstaunt ist

---

30 Tirmizî, Sıfatü'l-kıyâme, 1.
31 Al-Anbiya, 21/47.
32 Buhârî, Ezân, 129; Tevhîd, 24; Müslim, Îmân, 302, 329.
33 Yusuf Şevki Yavuz, "Ba's", DİA, c. 5, s. 98-99.
34 Al-Baqara, 2/28.

(daran zweifelt), wie er wieder erschaffen werden wird. Dieser menschliche Widerspruch wird von unserem Schöpfer in der Sura *Maryam* wie folgt verkündet: *„Der Mensch sagt (oft): ‚Wenn ich einst gestorben bin, soll ich dann wieder zum Leben erstehen?' Bedenkt der Mensch denn nicht, dass Wir ihn schon zuvor erschufen, als er ein Nichts war?"*[35]

Nach der Aussage unseres Schöpfers ist es für jemanden, der etwas aus dem Nichts erschaffen hat, einfacher, es zum zweiten Mal zu erschaffen. *„Und Er ist es, der die Schöpfung erstmals hervorbrachte. Dann bringt Er sie erneut hervor, was Ihm ein Leichteres ist."*[36] Natürlich kann jemand, der etwas Schwieriges erschafft, auch etwas Leichteres erschaffen. In Vers 33 der Sure al-Ahkaf heißt es, dass Allah, Der die Himmel und die Erde erschuf und währenddessen nicht ermüdete, die Toten ohne Weiteres auferstehen lassen kann. Allah, Der die tote Natur immer wieder neu belebt, kann auch den Menschen wiederbeleben/auferstehen lassen.[37]

Jemand, der etwas in sein Gegenteil umwandeln kann, kann auch etwas Ähnliches erschaffen. Obwohl es beispielsweise unmöglich ist, dass ein reichlich bewässerter grüner Baum Feuer erzeugt, so ist es Allah,[38] Der eben aus einem grünen Baum Feuer entstehen lässt; und Ihm ist es auch möglich, einen Menschen auferstehen zu lassen.

Unser Schöpfer hat uns offenbart, dass nach dem ersten Blasen in das Horn alle Lebewesen vernichtet werden und die toten Wesen mit dem zweiten Ertönen des Horns[39] eilig

---

35 Maryam/Maria, 19/66-67.
36 Ar-Rum, 30/27.
37 Al-Hadsch, 22/5-7.
38 Yasin, 36/80-81.
39 Az-Zumar, 39/68.

DIE GLAUBENSFRAGEN DER JUGEND

aus ihren Gräbern auferstehen[40] und zügig/laufend dem Ruf ihres Schöpfers41 folgen werden. Die Auferstehung wird stattfinden, um die Wahrheit zu erfahren und um eine Vergeltung für unsere weltlichen Taten zu erhalten.[41] Nach dem Glauben der *Ahl al-Sunnah* (der Religionspraxis unseres Propheten Folgende) wird die Auferstehung sowohl mit dem Körper als auch mit der Seele stattfinden. In Anbetracht der im heiligen Qur´an und in den *Ahadithen* (Überlieferungen) erwähnten Segen oder Bestrafungen, welche die Menschen erwarten, wird deutlich, dass das jenseitige Leben körperlich, also mit einem Zusammenschluss von Seele und Körper fortgesetzt wird.[42] Demnach wird Allah, nachdem ein Mensch gestorben und verwest ist, die ursprünglichen Teile seines Körpers wiederherstellen oder ein Ähnliches erschaffen und seine Seele wieder in seinen Körper zurückversetzen. Gemäß unserem Propheten (saw.), wird nach dem Tod eines Menschen alles, außer das „*Acb'z-dhanab*"[43] verwesen und vernichtet werden. An dem Tag des Jüngsten Gerichts wird der Mensch aus diesem, nicht verwesten Bestandteil wiederhergestellt werden; er wird während dieser Auferstehung aus seinem Grab – oder von der Stelle, an dem sich sein nicht verwester Bestandteil befand – zügig zum Leben erweckt auferstehen, wie eine Pflanze, welche aus dem Boden hervorwächst.[44] Allah wird alle Menschen, die Er aus ihren Gräbern wiederauferstehen lässt und deren Körper mit ihren Seelen vereint hat, am Ort des *Mahscher* versammeln und sie zur Rechenschaft ziehen. Die Menschen, deren Ta-

---

40 Al-Maarisch, 70/43.
41 An-Nahl, 16/38-39; at-Tagabun, 64/7.
42 Yusuf Şevki Yavuz, "Ba's", DİA, c. 5, s. 99.
43 „*Acb'z-dhanab*": „Der kleinste Teil des Menschen." Wurde seit jeher als „das Steißbein" interpretiert; heute würden wir dieses Wort eher als den DNA/DNS des Menschen deuten.
44 Buhârî, Tefsîr, (Nebe) 1; Müslim, Fiten, 141-142.

ten ausgewogen wurden, werden im Gegenzug für ihre Taten entweder ins Paradies oder in die Hölle eintreten.[45]

Sind das Paradies und die Hölle ewig?

Islamische Gelehrte sind sich einig, dass das Leben im Paradies ewig sein wird.[46] Der heilige Qur´an betont in sehr vielen Versen die Ewigkeit des Paradieses, während er über das Leben darin berichtet. In einem dieser Verse wird die Situation wie folgt beschrieben: *„Unter ihnen werden Schüssel und Becher aus Gold kreisen, mit allem, was Seelen begehren und Augen ergötzen. Und ewig sollt ihr darin verweilen."*[47]

Tatsächlich wird in verschiedenen Versen verkündet, dass die Paradiesbewohner, die dort verweilen, nie ein Tod erleben werden und die Gaben/Segen im Paradies beständig und dauerhaft sein werden.[48] Was die Frage über die Ewigkeit der Hölle betrifft: Während die Hölle selbst ewig ist,[49] wird das Leben einiger Menschen in der Hölle nicht für immer andauern. *Kufr* (Leugnung/Blasphemie) und *Schirk* (Polytheismus/Beigesellen) begründen jedoch das ewige Verweilen in der Hölle. Ungläubige und Polytheisten werden ewig in der Hölle verweilen, da sie nicht glaubten. Ein „Sünder zu sein" ist kein Grund für immer in der Hölle zu

---

45 Für weitere Informationen in Bezug auf dieses Thema, siehe auch: Yusuf Şevki Yavuz, "Ba's", *DİA*, c. 5, s. 98-100; Süleyman Toprak, "Haşr", *DİA*, c. 16, s. 416-417.
46 Bekir Topaloğlu, "Cennet", *DİA*, c. 7, s. 385-386.
47 Az-Zuhruf, 43/71.
48 Hud, 11/106-108; ar-Ra'd 13/35; al-Hidschr, 15/48; as-Sad, 38/54; ad-Duhan, 44/56.
49 Es gab jedoch auch Gelehrte, die anhand einiger Verse im heiligen Qur´an und anhand einiger Ansichten der Gefährten argumentieren, dass die Hölle nicht ewig ist, sie sich schließlich auflöst, sobald alle ihre Strafen erhalten haben. Siehe auch: Bekir Topaloğlu, "Cehennem", *DİA*, c. 7, s. 232.

verweilen, vorausgesetzt derjenige, ist gläubig. Schließlich werden diejenigen, die gesündigt haben als Vergeltung/Bestrafung für ihre Sünden in der Hölle verweilen, danach aber auf jeden Fall die Hölle verlassen, sofern sie als Gläubige verstorben sind.[50]

Was für ein Leben sollten wir führen, um das Paradies zu erlangen?

Das Paradies ist die Bezeichnung eines ewigen und perfekten Lebens, ohne Verantwortlichkeiten, welches Allah denjenigen Dienern verspricht, die an Ihn glauben, obwohl sie Ihn auf dieser Welt nicht gesehen haben und sich bemühen entsprechend dem Glauben zu leben. Obwohl der menschliche Verstand nicht wirklich versteht, wie perfekt das Paradies sein kann, so kann er sich in gewisser Weise das Paradies anhand eigener Wahrnehmungen vorstellen. Auch wenn die größte Belohnung im Paradies darin bestehen wird, Allah zu sehen, ist der Gedanke immer verlockend gewesen, dass die Menschen dort alles tun können, was sie wollen, während sie einiges auf dieser Welt aufgrund ihrer Verantwortlichkeit nicht tun konnten.

Es ist eigentlich offensichtlich, was Allah von Seinen Dienern erwartet, damit sie das Paradies erlangen. Er möchte von den Menschen, dass sie über ihre Stellung und Verantwortung auf der Welt nachdenken, ihren Schöpfer kennenlernen und dass ihnen Seine unendliche Kraft und Macht klar wird. Genauso wie jemand, der in einer begrenzten Zeit alles in seiner Macht Stehende tut, um sich auf eine Prüfung vorzubereiten, so muss auch ein Diener Allahs in seiner

---

50 Bekir Topaloğlu, "Cehennem", DİA, c. 7, s. 231.

begrenzten Lebenszeit, die von Allah verkündeten Gebote und Verbote – anhand der authentischen Quellen, wie aus dem heiligen Qur´an und aus der *Sunnah* (Religionspraxis) unseres Propheten (saw.) – lernen und sich bemühen, diese auszuleben. Sofern er in der Zeit einen Fehler macht, reicht es aus, wenn er sich dafür entschuldigt (Reue zeigt) und sich erneut anstrengt.

Wir können die Taten, die ein Mensch verrichten muss, um das Paradies zu erlangen, wie folgt auflisten: Er muss sich mit dem Bewusstsein ein Diener Allahs zu sein und festem Glauben an Allah wenden und sich bemühen, seine Glaubenspraxis/Gottesdienste (*Ibadah*) zu verrichten; er muss mit dem Bewusstsein, dass er ständig von Allah bewacht wird und er für seine Taten Rechenschaft abgeben wird, gegenüber sich selbst, seiner Familie und seinen Mitmenschen aufrichtig und moralisch korrekt benehmen; er muss mit dem Gedanken handeln, dass diese Welt ein Anvertrautes (*Amanah*) Allahs an uns ist und sich mit nützlicher und guter Arbeit beschäftigen; er muss sich für seine Fehler und Sünden bei Allah entschuldigen und sie wiedergutmachen. Abschließend sollte ihm bewusst sein, dass während er diese Taten vollbringt, der Teufel, unser *Nafs* (Triebseele/Ego), die negativen Bedingungen und Menschen in unserer Umgebung uns schaden und uns vom Guten abhalten wollen. Deshalb sollte er anhand Bittgebete Allah um Hilfe bitten.

Werden wir unsere Liebsten im Paradies treffen?

Derjenige, der ins Paradies eintreten darf, wird seine Familienmitglieder und alle geliebten Menschen, welche ebenfalls ins Paradies gelangt sind, treffen und mit ihnen ein schönes

DIE GLAUBENSFRAGEN DER JUGEND

Leben verbringen. Dies wird im heiligen Qur´an wie folgt verkündet: *„Die Gärten von Eden, in die sie eintreten sollen wie auch die Rechtschaffenen von ihren Vorvätern, ihren Frauen und ihrer Nachkommenschaft [...]."*[51] Dementsprechend wird derjenige, der das Paradies verdient hat, mit seinen Familienmitgliedern, die ebenfalls das Paradies betreten haben, zusammen sein.

Was passiert aber, wenn einige seiner Familienmitglieder oder Freunde nicht das Paradies betreten dürfen? Wird er sie auch dann sehen können? Im heiligen Qur´an finden wir auch auf diese Frage eine Antwort. Während die Gläubigen, welche das Paradies betreten haben, zusammensaßen und sich unterhielten, fiel einem von ihnen sein Freund auf der Welt ein, der nicht an das Jenseits glaubte, so sagte er seinen Freunden Folgendes: *„Seht, ich hatte einen Gefährten. Der fragte: ‚Glaubst du wirklich daran? Dass wenn wir gestorben und zu Staub und Gebein geworden sind, wir doch noch gerichtet werden?'"* Demjenigen, der dies vortrug, wird vermittelt, dass sein Freund aufgrund seiner Verleugnung in der Hölle ist und ihm wird der Zustand seines Freundes in der Hölle gezeigt. Und er sagt zu seinem Freund, der sich in der Hölle befindet, Folgendes: *„Bei Allah! Fast hättest du mich wirklich in das Verderben gestürzt! Ohne die Gnade meines Herrn wäre auch ich jetzt unter den in der Hölle Bestraften."*[52] Wie wir anhand dieser Verse entnehmen können, wird derjenige, der im Paradies ist, in der Lage sein, seine Bekannten, die nicht im Paradies sind, zu sehen/mit ihnen zu sprechen.

Aus den Versen des heiligen Qur´ans geht hervor, dass derjenige, der das Paradies betritt, zusammen mit denjenigen Familienmitgliedern, die ebenfalls das Paradies erlangt

---

51 Ar-Ra'd, 13/23.
52 As-Saffat, 37/50-60.

haben, ein schönes Leben führen wird. Er wird sogar über den Zustand derjenigen Verwandten, die in der Hölle sind, Bescheid wissen.

Wie werden die Paradies- und Höllenbewohner im heiligen Qur´an beschrieben?

Während Allah im heiligen Qur´an die Erlösung der Gläubigen verkündet, zählt Er ihre Eigenschaften wie folgt auf: Die Gläubigen sind diejenigen, die das Gebet ehrfürchtig (mit tiefem Respekt) verrichten, sich von bedeutungslosen und nutzlosen Dingen fernhalten, ihr *Zakah* (Armensteuer) entrichten, ihre Keuschheit wahren, das ihnen Anvertraue beschützen und ihren Versprechen treu sind und stets ihre rituellen Gebete verrichten. Der Ort (das Paradies) im Jenseits, in dem die Gläubigen mit diesen Eigenschaften für immer verweilen werden, wird als „*Firdaws*" verkündet.[53] Es ist aufsehenerregend, dass Allah die Gläubigen, die ins Paradies eintreten werden, nicht nur als diejenigen bezeichnet, die an Allah und seine Offenbarungen glauben, sondern als Gläubige, die in Übereinstimmung mit ihrem Glauben leben.

Das Leben im Paradies wird in verschiedenen Versen des heiligen Qur´ans dargestellt. Diejenigen, die das Verweilen im Paradies verdienen, sind jene, die in diesen segensvollen Paradiesen Allah am nächsten sein werden. Die Paradiesbewohner setzen sich auf Thronen gegenüber, die mit Juwelen geschmückt sind. Junge Bedienstete kreisen stets um die Bewohner des Paradieses und bedienen sie. Von dem Getränk, das ihnen von der Quelle des Paradieses angeboten wird, bekommen sie weder Kopfschmerzen noch

---

[53] Al-Mu'minun, 23/1-11.

werden sie betrunken. Den Menschen im Paradies werden Früchte und Vogelfleisch serviert, welches sie begehren. Im Paradies gibt es weder müßige Worte noch Taten, die zu Sünden führen. Allah gibt dem Volk des Paradieses reine Gatten/Gattinnen.[54] Die Menschen im Paradies erhalten sowohl spirituelle Belohnungen als auch materielle Belohnungen, wobei die größte Belohnung das Antlitz Allahs ist.

Im heiligen Qur´an wird verkündet, dass die Heimat der Leugner und Heuchler als Gegenleistung für ihre Taten auf der Welt, die Hölle sein wird. Das Leben in der Hölle wird im heiligen Qur´an wie folgt beschrieben: *„In Glutwind und siedendem Wasser (sind sie), und im Schatten von schwarzem Rauch, weder kühl noch angenehm." „Sollt ihr wahrlich von dem Baume Zaqqum (in der Hölle) essen […] und darauf siedendes Wasser trinken - Trinken wie durstkranke Kamele (sollt ihr)."*[55] Allah wird den Leugnern keine Barmherzigkeit erweisen[56] und sich von ihnen abwenden.[57]

Während das Leben in der Hölle für die Ungläubigen und Heuchler ewig andauern wird, ist es für die sündigen Gläubigen nur vorübergehend. Im Gegensatz dazu wurde das Paradies ausschließlich für die Gläubigen vorbereitet und das Leben dort ist ewig. Da wir das Paradies und die Hölle nicht mit unseren Sinnen erfassen können, wird das Leben im Paradies und das Leben in der Hölle uns durch Darstellungen von Dingen, die den Menschen am meisten gefallen und die sie lieben und durch Dinge, die sie am meisten fürchten, verbildlicht. Es sollte jedoch nicht vergessen wer-

---

54 Al-Waqıa, 56/10-38. Für die Darstellungen des Paradieses im Qur´an können die Suren von ar-Rahman, al-Waqıa, al-Insan und al-Ghaschiya gelesen werden.
55 Al-Waqıa, 56/41-56.
56 An-Nisa, 4/168.
57 Al-Mutaffifîn, 83/15.

den, dass das Leben im Jenseits nicht dasselbe ist, wie das Leben im Diesseits.

Was geschieht mit Menschen im Jenseits, die ein tugendhaftes Leben führten, obwohl sie keine Muslime waren?

Die Welt ist für uns Menschen ein Ort der Prüfung. Der Prüfungsinhalt ist zunächst zu glauben und danach die Anforderungen unseres Glaubens zu erfüllen. Unser Glaube erfordert ein gutes und tugendhaftes Leben im Diesseits, was zum Wohlgefallen unseres Schöpfers führt. Ein Mensch, der ein gutes und tugendhaftes Leben führt, jedoch nicht glaubt, hätte seine erste Pflicht zu glauben nicht erfüllt. Dementsprechend basieren seine Taten entweder auf dem Wunsch, ein gutes Leben auf der Welt zu führen oder ein guter Mensch zu sein. Obwohl doch Allah uns befiehlt, mit unseren Taten sein Wohlgefallen anzustreben. Einen Menschen, der nicht glaubt, wird im Jenseits kein Paradies erwarten, weil ihm dieses Bewusstsein fehlt und er nicht glaubt. In einem Vers wird dies wie folgt verkündet: *„Sprich: ‚Sollen Wir euch sagen, wer hinsichtlich ihrer Werke die größten Verlierer sind? Die, die sich mit Eifer im irdischen Leben verloren haben, während sie glaubten, das Richtige zu tun!' Das sind diejenigen, die nicht an die Zeichen ihres Herrn und an die Begegnung mit Ihm glaubten. Nichtig sind ihre Werke. Und Wir werden ihnen am Tag der Auferstehung kein Gewicht beimessen."*[58]

Indes ist Allah gerecht. Es ist zu hoffen, dass diejenigen, die ein tugendhaftes Leben führten, aber nicht gläubig waren,

---

58 Al-Kahf, 18/103-105.

im Jenseits eine mildere Bestrafung bekommen, auch wenn sie nicht ins Paradies eintreten werden.[59]

Fällt derjenige, der zwar an die Existenz Allahs glaubte, aber nicht an die Existenz des Jenseits, vom Glauben ab?

Der Glaube an das Jenseits ist eines der Glaubensprinzipien des Islams. Unser Wissen über das Jenseits basiert auf den heiligen Qur´an und den authentischen *Ahadithen* (Überlieferungen), da das jenseitige Leben nicht mit den Sinnen erfassbar und damit ein Thema des *Ghaybs* (Verborgenen) ist. Tatsächlich macht es der Gerechtigkeitssinn im Menschen notwendig, an das Jenseits zu glauben. In dieser Welt wird nicht jeder für sein Verbrechen vollständig bestraft, und es treten einige Ungerechtigkeiten auf. Im Jenseits dagegen wird nichts verborgen bleiben und die absolute Gerechtigkeit wird vollzogen. Das Verantwortungsbewusstsein des Menschen erleichtert es, an das Jenseits zu glauben. Unser Schöpfer hat den Menschen als ein Wesen erschaffen, dass zwischen dem Guten und dem Bösen, dem Richtigen und dem Falschen und zwischen dem Segensreichen und dem Schlechten unterscheiden und wählen kann, weswegen Er die Menschen für ihre Entscheidungen verantwortlich macht. Die Verantwortung für bestimmte Verhaltensweisen erfordert ein Leben und einen Ort, in denen diese Verantwortung vergolten wird. Denn die Menschen wurden nicht sinn- oder zwecklos erschaffen.

---

59 Bekir Topaloğlu, Yusuf Şevki Yavuz, İlyas Çelebi, İslam'da İman Esasları, s. 483-484.

Im heiligen Qur´an verkündet unser Schöpfer Folgendes: *„Oh ihr, die ihr glaubt! Glaubt an Allah und Seinen Gesandten und an das Buch, das Er auf Seinen Gesandten herabgesandt hat, und die Schrift, die Er zuvor herabkommen ließ. Wer nicht an Allah und Seine Engel und Seine Bücher und Seine Gesandten und an den Jüngsten Tag glaubt, der ist weit abgeirrt."*[60] Derjenige, der nicht an die Existenz des Jenseits glaubt, tritt aus der Religion aus, da er Verse aus dem heiligen Qur´an leugnet.[61]

Gibt es eine Strafe im Grab? Wie ist das Leben im Grab?

Das Leben im Grab beginnt mit dem Tod einer Person und endet mit der Auferstehung (*Ba´s*), welches nach dem Weltuntergang stattfinden wird. Ein anderes Wort für das Leben im Grab ist „*Barzach*". Auch wenn ein Mensch aufgrund der Art und Weise seines Todes nicht ins Grab gelegt wird oder nicht gelegt werden kann (z.B. eine Person, die durch ein Feuer gestorben ist), so erlebt er trotzdem die Grab-/*Barzach*-Phase. Die *Barzach* ist eine Phase, welches der Mensch nicht physisch, sondern seelisch erleben wird.[62] Nach der Aussage unseres Propheten (saw.) ist die *Barzach* „die erste Station des Jenseits.[63]

Laut den *Ahadithen* (Überlieferungen) unseres Propheten (saw.), wird der Mensch, nachdem er ins Grab gelegt wurde, von den Verhör-Engeln *Munkar* und *Nakir* bezüglich sei-

---

60 An-Nisa, 4/136.
61 Mustafa Sinanoğlu, "İman", DİA, c. 22, s. 212-214.
62 Cüneyt Gökçe, "Berzah", DİA, c. 5, s. 525; Süleyman Toprak, "Kabir", DİA, c. 24, s. 37.
63 İbn Hanbel, I, 64.

nes Glaubens und seinen Taten befragt. Entsprechend den Antworten auf diese Fragen werden die Ungläubigen und Heuchler im Grab gequält und die Gläubigen werden die Segen des Paradieses vorkosten.

Anhand der Anzeichen in den relevanten Versen und der Aussagen der *Ahadithe* können wir nicht behaupten, dass es keine Qual im Grab gibt. Die folgenden Verse weisen auf die Strafe im Grab hin und gelten als Beweis für die Strafe im Grab: Diese Verse verkünden, dass der Pharao und seine Anhänger morgens und abends ins Feuer geworfen werden, und dass sie am Tag des Jüngsten Gerichts den schwersten Qualen ausgesetzt sein werden,[64] und dass das Volk Noahs (as.) nach dem Ertrinken im Wasser ins Feuer geworfen wurde.[65] Außerdem verkünden die Verse, dass die Guten und Bösen sowohl auf der Welt als auch im Jenseits unterschiedlich behandelt werden,[66] dass die Heuchler nach der ersten Qual einer größeren Qual ausgesetzt sein werden,[67] und dass die Ungläubigen und die Heuchler, vor der großen Qual in der Hölle, eine viel naheliegende Qual erwartet.[68]

Nach den Überlieferungen der *Ahadithe* hat unser Prophet (saw.) einige der Menschen, die im Grab gequält wurden, gehört[69] und vor der Strafe im Grab Zuflucht bei Allah gesucht. Er empfahl auch seinen Gefährten, ebenso Zuflucht bei Allah zu suchen.[70] Während des Totengebets bat er außerdem Allah an, die Toten vor der Strafe im Grab zu schüt-

---

64 Al-Mu'min 40/46.
65 An-Nuh, 71/25.
66 Al-Dschasiyah, 45/21-22.
67 At-Tawba, 9/101.
68 As-Sadschdah, 32/21; at-Tur, 52/47.
69 Müslim, Cennet, 67-69.
70 Müslim, Cennet, 67.

zen.[71] Zudem verkündete er, dass die Tiere, die Stimmen der Gequälten im Grab hören können.[72]

In den *Ahadithen* wird überliefert, dass die üble Nachrede und die Verleumdung,[73] das Versterben mit Schulden,[74] das Lügen, die Unzucht, Zinsgeschäfte und der Alkoholkonsum[75] etc. zu den Taten gehören, welche die Strafe im Grab verursachen/begründen.

Es wird angenommen, dass die Strafe im Grab für Ungläubige und für Gläubige mit vielen Sünden bis zum Tag des Jüngsten Gerichts andauern wird, während die Strafe der Gläubigen mit geringen Sünden nur vorübergehend andauern wird.

Anhand der oben genannten Verse und *Ahadithe* kann nicht ausgeschlossen werden, dass uns zum Gegenzug für unsere Taten auf der Welt keine (gute oder schlechte) Behandlung im Grab erwartet. Wir haben jedoch keine genauen Informationen darüber, wie diese Behandlung sein wird und welche Zustände stattfinden werden.

Spürt der Tote die Anwesenheit seiner Besucher?

Mit dem Tod endet das weltliche Leben und die körperlichen Funktionen eines Menschen hören auf. Nach einer gewissen Zeit vereint sich der Körper eines Menschen, der beerdigt wurde, mit der Erde und wird zum Staub. Die Zeit, die der verstorbene Mensch im Grab verbringt, wird *„Barzach"* ge-

---

71 Müslim, Cenâiz, 86.
72 Nesâî, Cenâiz, 115.
73 Buhârî, Vudû', 56, Cenâiz, 81, 88.
74 İbn Mâce, Sadakāt, 12.
75 Buhârî, Cenâiz, 93, Ta'bîrü'r-rü'yâ, 48.

nannt. Zudem ist *Barzach* eine Phase, welches der Mensch nicht physisch, sondern seelisch erlebt. Im Gegensatz zum weltlichen Leben kann man im Grab aus diesem Grund nicht die äußeren Reize wahrnehmen oder auf diese reagieren. Die Tatsache, dass unser Prophet (saw.) den Friedhof besuchte, die Verstorbenen begrüßte, für sie betete,[76] einen Palmenzweig in ein Grab aufsteckte, und seine Überlieferung, dass der grüne Zweig die Qual der im Grab liegenden Person lindern würde,[77] könnte auf eine Kommunikation oder Interaktion zwischen dem Verstorbenen und seinen Besuchern hinweisen.

Abschließend sollten wir die Empfehlung unseres Propheten[78] (saw.), die Gräber zu besuchen, als Erinnerung an den Tod und als einen Weckruf[78] für das Jenseits annehmen und diese Empfehlung in unserem Leben widerspiegeln.

Haben Verstorbene einen Einfluss auf die Lebenden?

Da das Leben nach dem Tod ein Bereich ist, den wir mit unseren Sinnesorganen nicht wahrnehmen können, werden wir uns bei diesem Thema auf den heiligen Qur´an und auf die *Sunnah* (Religionspraxis unseres Propheten saw.) beziehen. Allah Ta´ala verkündet mit folgenden Versen eindeutig, dass die Verstorbenen die Lebenden nicht hören können: *„Und ebenso wenig sind Lebendige und Tote einander gleich. Siehe, Allah macht hörend, wen Er will. Doch du kannst die in*

---

76 *„Gegrüßt seid ihr Gläubigen und Muslime dieses Landes! Wir werden uns inscha-Allah (so Allah will) euch anschließen. Ich bete für uns und euch um Wohlbefinden bei Allah."* (Müslim, Cenâiz, 104).
77 Buhârî, Vudû', 55.
78 Tirmizî, Cenâiz, 60; Ebû Dâvûd, Cenâiz, 75, 77.

den Gräbern nicht hörend machen!"[79] *"Du wirst bestimmt die Toten nicht hörend machen und auch nicht bewirken, dass die Tauben den Ruf hören, wenn sie den Rücken kehren."*[80] Obwohl mit den Toten in diesen Versen „Ungläubige" gemeint sind, werden sie mit den Toten verglichen, weil sie den göttlichen Ruf nicht hören können. Dies bedeutet, dass es den Toten nicht möglich ist, die Lebenden zu hören, weshalb die Ungläubigen in Bezug auf das Hören der göttlichen Botschaften den Toten ähnlich sind.

Allah Ta´ala befiehlt im heiligen Qur´an Folgendes: *"Und sprecht von denen, die auf Allahs Pfad erschlagen wurden, nicht: ‚Sie sind tot.' Nein. Sie sind lebendig. Doch ihr nehmt es nicht wahr."*[81] *"Und haltet die auf Allahs Weg Gefallenen nicht für tot! Nein, sondern für lebend, bei ihrem Herrn, gut versorgt, (und) froh über das, was Allah in Seiner Huld ihnen gab, und voller Freude darüber, dass die, die noch nach ihnen kommen, keine Furcht haben und nicht trauern werden."*[82] Die Tatsache, dass Märtyrer ihr Leben auf eine Weise fortsetzen, die wir nicht verstehen, zeigt jedoch nicht, dass sie das Leben der Menschen auf der Welt beeinflussen können.

Zudem sind die Informationen, die uns über das Leben nach dem Tod im heiligen Qur´an und in der *Sunnah* (Religionspraxis unseres Propheten saw.) gegeben werden, begrenzt. Während die Körper der Verstorbenen verwesen, leben ihre Seelen in *Barzach* ein Leben, welches wir nicht kennen. Die *Barzach* und der Ort, an dem wir leben, unterscheiden sich jedoch stark voneinander. Welchen Einfluss können also Tote auf die Lebenden haben?

---

79 Al-Fatır, 35/22.
80 Naml, 27/80. Siehe auch: ar-Rum, 30/52.
81 Al-Baqara, 2/154.
82 Al-i Imran, 3/169-170.

Während des Besuchs eines Grabmals, einer aufrichtigen Person, diese um ein Haus, ein Auto, um Glück, Erfolg oder Hilfe zur Erlösung aus Problemen etc. zu bitten, ist *Schirk* (Beigesellen), da das Bittgebet (*Du´a*) ein Gottesdienst ist und die Gottesdienste nur für Allah verrichtet werden dürfen. Außerdem steht es nur in der Macht Allahs, die Bedürfnisse der Menschen zu erfüllen. Verstorbene können die Probleme der Menschen nicht lösen und ihre Bedürfnisse nicht befriedigen.

Gibt es im Islam den Glauben an die Reinkarnation?

Die Seelenwanderung (Transmigration der Seele) und die Reinkarnation (die Fleischwerdung als ein neues Wesen) unterscheiden sich grundlegend voneinander. Sie ähneln sich jedoch in dem Gedanken und Glauben, dass die Seele des Verstorbenen in einem anderen Körper wiedergeboren wird. Nach dem Glauben der Transmigration kann die Seele auch im Körper eines Tieres oder einer Pflanze wiedergeboren werden. Beim Reinkarnationsgedanken gibt es keinen Rückschritt der Seele. Die Seele eines Verstorbenen wird immer wieder in verschiedenen menschlichen Körpern wiedergeboren. Nach beiden Überzeugungen wird die Seele jedoch erneut gesandt, um auf der Welt die perfekte Reife zu erlangen (um spirituelle Evolution zu erreichen). Sobald sie die Vollkommenheit erreicht hat, wird sie nicht mehr wiedergeboren. Natürlich leidet die Seele bei jeder Wiedergeburt unter einigen Schmerzen, als Wiedergutmachung für die Fehler, die sie während ihres Lebens im vorangegangenen Körper begangen hat.[83]

---

83 Kenan Has, "Dinler Tarihi Perspektifinden Tartışmalı Bir Kavram: Reenkarnasyon", İslâmî Araştırmalar, 2004, cilt: XVII, sayı: 4, s. 390-400.

Der Ursprung dieser Überzeugungen geht auf die alt-ägyptische Zivilisation zurück. Die gleichen Überzeugungen existieren in östlichen Religionen wie im Hinduismus und Buddhismus. Noch heute glauben Menschen verschiedener Religionen an die Idee der Reinkarnation.[84]

Der heilige Qur´an besagt, dass das Leben eines Menschen auf dieser Welt aus einer Prüfung besteht,[85] jeder am Ende des weltlichen Lebens sterben wird,[86] und dass selbst wenn er nach seinem Tod auf die Welt zurückkehren möchte, um ein besserer Mensch zu werden, dies nicht erlaubt wird. Dies wird in einem Vers wie folgt verkündet: *„Erst wenn der Tod einem von ihnen naht, wird er sagen: ‚Oh mein Herr! Sende mich zurück, damit ich das Gute tue, das ich unterließ.' Keineswegs! Das sind nur (leere) Worte, was er da spricht. Und hinter ihnen ist eine Schranke (Barzach) bis zu dem Tage, an dem sie auferweckt werden."*[87]

So wurde in einem ähnlichen Vers einem Leugner, der sein Bedauern zum Ausdruck brachte und zum weltlichen Leben zurückkehren wollte, wie folgt geantwortet: *„Gewährten Wir euch denn kein langes Leben, sodass jeder, der sich ermahnen lassen wollte, sich hätte besinnen können? Und der Warnende kam (doch auch) zu euch."*[88]

Nachdem das weltliche Leben mit dem Weltuntergang endet, beginnt das Leben im Jenseits mit der Auferstehung al-

---

84 Nach den Daten eines internationalen Forschungsunternehmens namens Gallup, glauben 18% der Menschen in westeuropäischen Ländern an die Reinkarnation. Zitiert aus A.g.m, Ian Stevenson, Reinkarnation: Feldstudien und theoretische Fächer. Das universelle Gesetz: Die Wiedergeburt. Ergün Arıkdal, İstanbul, 1997, s. 55.
85 Al-Mulk, 67/2.
86 Al-Ankabut, 29/57.
87 Al-Mu'minun, 23/99-100.
88 Al-Fatır, 35/37.

DIE GLAUBENSFRAGEN DER JUGEND

ler Toten. „*Und weil die Stunde zweifellos kommt und weil Allah alle in den Gräbern auferweckt.*"[89] Infolgedessen werden die Tatenbücher enthüllt und die Taten ausgewogen; dementsprechend werden die Guten im Paradies und die Bösen in der Hölle ewig verweilen. Das Verständnis des Jenseits im Islam kann auf diese Weise zusammengefasst werden. Und diese Beschreibung wird in vielen Versen des heiligen Qur´ans immer wieder dargestellt.[90]

Die Verkündungen im heiligen Qur´an widersprechen vollkommen dem Verständnis der Reinkarnation, welche eindeutig besagen, dass Allah die Wiedergeburt derjenigen, die (nach dem Tod oder im Jenseits) erneut auf die Welt kommen möchten, um ein besserer Mensch zu werden, nicht zulassen wird,[91] und dass laut Islam, das Leben im Jenseits, also das Leben im Paradies und in der Hölle erst nach dem Tag des Jüngsten Gerichts beginnen wird. Sollte die Reinkarnation tatsächlich möglich sein, für welche Taten in welchem Körper wird der Mensch im Jenseits verantwortlich gemacht?[92] Der Gedanke der Reinkarnation geht davon aus, dass sich das Paradies und die Hölle auf dieser Erde befinden. Obwohl der heilige Qur´an eindeutig besagt, dass sich das Paradies- und Höllenleben im Jenseits befinden.[93]

Um es kurzzufassen, steht der Glaube an die Reinkarnation in Widerspruch zu den wesentlichen Glaubensprinzipien, allen voran zum Jenseits sowie zum Paradies/zur Hölle und der Waage (*Mizan*) und aus diesem Grund beinhaltet der Islam nicht das Verständnis der Reinkarnation.

---

89 Al-Hadsch, 22/7.
90 Bekir Topaloğlu, "Âhiret", DİA, c. 1, s. 543-547.
91 Mü'minûn, 23/99-100; İbrâhîm, 14/44; Münâfikûn, 63/10-11 vd.
92 „*Und keine Seele trägt die Last einer anderen.*" al-Fâtır, 35/18.
93 Kenan Has, "Dinler Tarihi Perspektifinden Tartışmalı Bir Kavram: Reenkarnasyon", s. 390-400.

Gibt es so etwas, wie die Geisterbeschwörung?

Die Geisterbeschwörung (Spiritismus) ist der Glaube daran, dass die Seelen der Verstorbenen leben und mit ihren kommuniziert werden kann.[94] Nach dieser Überzeugung werden einige Informationen durch die Kommunikation mit den Seelen der Verstorbenen erhalten. Der Wunsch und damit die Tendenz, Informationen über die Zukunft oder dem Unbekannten zu erhalten, ist fast in jeder Kultur vorhanden. Es gibt jedoch keine Informationen im heiligen Qur´an und in den *Ahadithen* (Überlieferung) darüber, dass die Menschen mit Geistern kommunizieren können. Daher haben die verschiedenen Séancen zur Geisterbeschwörung keine religiöse Grundlage.

Wenn wir andererseits die unter den Menschen bekannten Séancen zur Geisterbeschwörung aus logischer Sicht betrachten, ist es offensichtlich, dass diese Praktiken keine interne Konsequenz besitzen. In den Beschwörungssitzungen gibt es im Allgemeinen ein Medium, welcher die Organisation leitet, einen Tisch und einige Gegenstände auf dem Tisch. Versuchen wir diese Sitzungen anhand einiger Fragen zu bewerten.

Wenn die herbeigerufene Seele ein höheres Wesen ist als der Mensch/als wir und Kenntnisse hat, die der Mensch nicht haben kann, warum möchte sie dann mit einem Menschen kommunizieren und diese Informationen an den Menschen weitergeben, welcher von niedrigem Rang ist als sie selbst? Wenn wir aber akzeptieren wollen, dass sie uns informieren möchte, warum kommt sie nur dann, wenn wir sie rufen?

---

94 Orhan Hançerlioğlu, "İspiritizma", Dünya İnançları Sözlüğü, İstanbul, 2010, s. 224.

Und vor allem, warum bedürfen diese Seelen merkwürdige, magische Rituale, um zu kommen? Warum stellen sie bei ihrer Ankunft durch menschliche Befehle und Objekte einen Dialog mit uns her, anstatt Informationen direkt zu übermitteln? Warum ist die Kommunikation in diesen Sitzungen auf eine Person (Medium) beschränkt, aber andere Personen können nicht Teil dieser Kommunikation sein?

Es ist natürlich möglich, diese Fragen zu erweitern. Die folgenden Sätze reichen jedoch aus, um das Thema zusammenzufassen. Die Behauptung, die Geister zu beschwören sind Lügen, erfunden und die meisten der erzählten Fiktionen sind alles andere als ernstzunehmen. Darüber hinaus sind alle Praktiken wie Magie, Wahrsagerei, Verzauberung und Prophezeiung, die während der Beschwörung angewendet werden, in unserer Religion verboten; nicht zulässig.[95]

---

[95] Temel Yeşilyurt, Çağdaş İnanç Problemleri, s. 115-120.

DER GLAUBE AN DIE VORHERBESTIMMUNG UND AN DAS SCHICKSAL

Was bedeutet es, an die Vorherbestimmung und an das Schicksal zu glauben?

Die Worte „Vorherbestimmung" (*Qadar/Kader*) und „Schicksal" (*Qadha/Kaza*) sind Ausdrücke, die Allahs Plan für Seine Geschöpfe und das Funktionieren/die Aufrechterhaltung der Natur beschreiben.[1] „Die Vorherbestimmung" ist Allahs unbegrenztes Wissen und seine Macht, die gesamte Existenz im Dasein in Harmonie und Ordnung zu halten, im Voraus zu wissen, welche Richtung ein Mensch in Bezug auf die Ereignisse, denen er begegnet, einschlagen wird, und die Geschehnisse in dieser Richtung zuzulassen. „Das Schicksal" bedeutet hingegen, dass Allah in dem Zeitpunkt, in dem der Mensch eine Entscheidung getroffen hat, den Vorgang des Erschaffens mit Seiner Allmacht verwirklicht.

Der Glaube an die Vorherbestimmung und an das Schicksal bedarf auch den Glauben an Allahs Eigenschaften, wie etwa Wissen (`*Ilm*), Wille (*Irada*), Macht (*Qudrah*) und an Seine schöpferische Kraft (*Taqwin*). Indem ein Diener Allahs an die Vorherbestimmung und an das Schicksal glaubt, glaubt er also auch, dass Allah alles weiß, dass alles nur mit Seinem Wissen und Willen geschehen kann, dass Seine Allmacht allgegenwärtig ist und dass Er einzigartig darin ist, zu erschaffen, was Er will. Mit anderen Worten, an die Vorherbestimmung und an das Schicksal

---

1 Für weitere Informationen, siehe auch: Yu- suf Şevki Yavuz, "Kader", *DİA*, c. 24, s. 58-63.

zu glauben bedeutet, dass sich alle Ereignisse, welche der begrenzte menschliche Verstand nachvollziehen kann oder nicht, die bisher stattgefunden haben oder je stattfinden werden, dem Wissen Allahs unterliegen und sich nur mit Seinem Willen und Seiner endlosen Kraft/Macht ereignen.

Gehören der Glaube an die Vorherbestimmung und an das Schicksal zu den Glaubensprinzipien?

Der Glaube die Vorherbestimmung und an das Schicksal ist eines der Grundprinzipien, an die ein Muslim glauben muss, welches auch als die „Prinzipien der *Amantu*" bezeichnet wird. Das Wort „*Amantu*" ist ein arabisches Wort, das die Einzelheiten des Glaubens (*Iman*), der eine Handlung des Herzens ist, mit Worten (mit der Zunge) in Form von „ich glaube und bestätige" offen kundzutun. Unser Prophet (saw.) zählte den Glauben an die Vorherbestimmung und an das Schicksal zu den Glaubensprinzipien, indem er auf die folgende Frage des Offenbarungsengels Gabriel/Dschabrail (as.): „Was bedeutet ,Iman'?, wie folgt antwortete: *„Iman ist der Glaube an Allah, an die Engel, die Bücher, die Propheten, das Jenseits, an die Vorherbestimmung und das Schicksal, egal ob die Ereignisse gut oder schlecht sind."*[2]

In einem anderen Aspekt ist die Vorherbestimmung: Die Ordnung und das Maß (Gesetzgebungen), die unser Schöpfer mit Seiner Allmacht, Kraft und unendlichem Wissen in das Dasein/die Welt eingefügt hat. Die wissenschaftlichen Studien über den „Kosmos", d.h. die Theorien der vollkommenen Harmonie im Universum, belegen auch, dass die Welt

2 Müslim, Îmân, 1; Ebû Dâvûd, Sünnet, 16.

DER GLAUBE AN DIE VORHERBESTIMMUNG UND AN DAS SCHICKSAL

der Existenzen in einer bestimmten Harmonie und Ordnung fortbesteht. Diese Ordnung im Universum zeigt ein perfektes System, in dem alles miteinander zusammenhängt. Unser Schöpfer ist der Besitzer von allem; Er kennt sowohl die Bewegung der Erde um seine eigene Achse und der Sonne als auch das Ende der Welt, weil Er es Selbst geplant hat. *„Und die Sonne läuft zielstrebig auf ihrer Bahn. Das ist die Anordnung des Mächtigen, des Wissenden - Allahs."*[3] Genauso wie Er die Kraft und die Energie des Atoms kennt, so kennt Er auch die Kapazitäten, Fähigkeiten, Handlungen und Bewegungen der Menschen, weil Er sie erschaffen hat. Er ist der Einzige, Der sowohl alles in der Vergangenheit als auch in der Zukunft bis ins kleinste Detail kennt. *„Er kennt das Verborgene und das Offenbare - der Große, der unvorstellbar Erhabene!"*[4] *„Er weiß, was in die Erde dringt und was daraus hervorkommt und was vom Himmel herabkommt und zu ihm aufsteigt. Und Er ist der Barmherzige, der Verzeihende."*[5]

Zusätzlich zu den Versen im heiligen Qur´an, welche besagen, dass alles in Abhängigkeit vom Willen und Ermessen unseres Schöpfers geschieht, gibt es auch Verse, welche besagen, dass Allahs Wissen sowohl die vergangenen als auch die zukünftigen Existenzen und Ereignisse umfasst, diese weisen darauf hin, dass es notwendig ist, an die Vorherbestimmung und an das Schicksal zu glauben.[6]

Die Verse, welche besagen, dass Allah der Schöpfer von allem ist und dass alles im Universum mit Seinem Willen und Wissen zustande kommt, weisen in Bezug auf den Kontext darauf hin, dass die einzige Autorität, welche für die Vorher-

---

3 Yasin, 36/38.
4 Ar-Ra'd, 13/9.
5 As-Saba', 34/2. Für einen ähnlichen Vers, siehe: al-Hadid, 57/4.
6 Al-Furqan, 25/2; ar-Ra'd, 13/8.

bestimmung und das Schicksal zuständig ist, ausschließlich von dem einzigen Schöpfer, nämlich Allah ausgehen kann, und dass alles im Universum von einer Vorherbestimmung abhängig ist.[7]

Warum werden wir für unsere Taten verantwortlich gemacht, wenn doch unser Schicksal vorherbestimmt ist?

Es gibt Situationen im Leben eines Menschen, in denen ein eigenes Eingreifen nicht möglich ist. Ein Mensch hat keinen Einfluss auf seine Hautfarbe, Geschlecht, Sprache, Familie und Nationalität. Es ist nicht möglich, diese nach eigener Wahl und eigenem Willen zu bestimmen. Diese Dinge sind das, was unser Schöpfer als Seine Vorherbestimmung für den Menschen festgelegt hat, als das, was zu seinem Besten ist. Aus einer anderen Perspektive ist das Schicksal das Abenteuer des Lebens eines Menschen, welches ab dem Zeitpunkt seiner Existenz bis zu seinem Tod besteht. Da es für den Menschen ein verborgenes Thema ist, was ihn in einer Minute erwartet, ist es ihm natürlich nicht möglich, sein ganzes Leben von Anfang bis zum Ende zu kennen. Unser Schöpfer ist Der Einzige, Der sowohl alles in der Vergangenheit als auch in der Zukunft bis ins kleinste Detail kennt. Wird denn die Verantwortung eines Menschen deshalb aufgehoben, nur weil Allah Wissen darüber hat, was mit dem Menschen geschehen wird und wie er angesichts der Ereignisse handeln wird, d.h. nur weil Sein Wissen all diese Informationen enthält?

---

7 At-Tawba, 9/51; az-Zumar, 39/62; as-Saffat, 37/96; al-A'raf, 7/178; al-Waqkıa, 56/60.

DER GLAUBE AN DIE VORHERBESTIMMUNG UND AN DAS SCHICKSAL

Die entscheidende Frage diesbezüglich ist, ob der Mensch seine Entscheidungen mit eigenem Willen trifft oder nicht. Natürlich kann ein Mensch nicht im Voraus wissen, welche Entscheidungen er in Situationen treffen wird, denen er im Laufe seines Lebens begegnet. Wenn er jedoch in der Lage ist, zum jetzigen Zeitpunkt und in der Zukunft, wo die Situation dann gegenwärtig sein wird, seine Entscheidungen mit freiem Willen zu treffen, indem er eine Bewertung zwischen gut und schlecht vornimmt und diese Entscheidungen umsetzt - was er auch tut - so kommt hier die Verantwortung ins Spiel. Verantwortlich zu sein bedeutet, dass dem Menschen das Recht gegeben wurde, mit eigenem Willen Entscheidungen zu treffen; er der Urheber seiner Überzeugungen und Taten ist, und für diese Rechenschaft ablegen wird.

Die Erhabenheit des Wissens und der Macht unseres Schöpfers und die Tatsache, dass Er im Voraus weiß, welchen Weg ein Mensch mit seinem freien Willen und Präferenzen einschlagen wird, stellt keine Verpflichtung für den Menschen dar, eine Entscheidung zu treffen. Wir können dieses Problem anhand eines Beispiels erklären. Es ist zum Beispiel sehr natürlich, dass eine Person, welche die Universität erfolgreich abgeschlossen hat, die richtige Entscheidung bezüglich ihres zukünftigen Arbeitsplatzes treffen möchte und während der Entscheidungsphase zwischen den potenziellen Möglichkeiten ständig unentschlossen ist, stets ihre Entscheidung ändert, ohne diese in die Tat umzusetzen, nach der Meinung ihrer Freunde und Familie fragt, und von den Berufstätigen in diesem Fachbereich beeinflusst wird. Infolge dieses intensiven Entscheidungsprozesses wählt die Person mit ihrem freien Willen eine der Optionen aus. Obwohl ihre Wahl einigen externen Einflüssen ausgesetzt war, trifft sie letztendlich die endgültige Entscheidung selbst. Die Verantwortung für ihre Wahl und die Entscheidung liegt nun bei ihr. Bei möglichen Negativitäten, denen sie begegnet, kann sie niemanden zur Rechenschaft ziehen, indem sie diese wie folgt beschuldigt: „Ich habe mich in diese Richtung entschieden, weil ich unter deinem Einfluss stand. Du bist verantwortlich für das, was mir passiert ist."

Unser allmächtiger Schöpfer, Dessen Allmacht allgegenwärtig ist und Der durch Sein spezielles Wissen über alles Bescheid weiß – was sich in der Vergangenheit ereignete, in der Gegenwart eignet und in Zukunft ereignen wird – wusste auch, dass die Person diese Entscheidungen treffen würde. Für Allah, Der der Schöpfer der Zeit ist, und solchen Begrifflichkeiten und Zeitformen wie vorher/Vergangenheit oder später/Zukunft nicht unterliegt, gibt es keine zeitliche Einschränkung, wie bei uns Menschen; dass Er dementsprechend die Entscheidungen der Menschen kennt und diese im Voraus aufgezeichnet hat, liegt daran, dass Er zeitlich und räumlich nicht begrenzt, sondern allwissend und allmächtig ist. Die Person hat ihre Entscheidung mit ihrem freien Willen getroffen und weil Allah, Der Allwissende, wusste, wie sie sich entscheiden würde, hat Er ihr Schicksal als Vorherbestimmung auf diese Weise festgehalten.

Was bedeutet, dass Allah jene zur Erleuchtung führt, die Er will und jene irre führt, die Er will? Wie verhält sich dies im Zusammenhang mit dem freien Willen und der Prüfungssituation des Menschen?

Die lexikalische Definition des Wortes „*Hidayah*" (Erleuchtung/Rechtleitung) ist „den Weg zeigen", „rechtleiten" und

„zur Wahrheit führen". Als ein religiöser Begriff bedeutet er, dass „Allah mittels Seinen gesandten Propheten und heilige Büchern den Menschen den rechten Weg zeigt und sie rechtleitet".[8] Die Tatsache, dass Allah die Menschen von Natur aus so erschaffen hat, dass sie zur *Hidayah* neigen und sie mit Verstand ausgestattet hat, sodass sie die *Hidayah* (durch Propheten und Offenbarungen) annehmen und verstehen können - ist eine andere Art wie Allah die Menschen rechtleitet.[9] Diese Formen der Rechtleitung (*Hidayah)* sind für alle Menschen gleich. Die Rechtleitung klingelt an jeder Tür. Jedoch nur einige öffnen ihr die Tür und andere wiederum nicht. *„Wer da geleitet ist, der ist nur zu seinem eigenen Besten geleitet; und wer irregeht, der geht nur zu seinem eigenen Schaden irre."*[10]

„Dalalah/Delalet" dagegen bedeutet „verirren/irregehen", „vom richtigen Weg abweichen", „verloren sein". Als religiöser Begriff bedeutet *Dalalah* das Gegenteil von *Hidayah (Rechtleitung/Erleuchtung)*. Es bedeutet mehr oder weniger wissentlich oder unwissentlich vom richtigen Weg abzuweichen.[11]

Der Aufruf zur Rechtleitung *(Hidayah)* ist ein Aufruf an alle Menschen. Allah lässt diejenigen, die positiv auf diesen Ruf reagieren, erfolgreich die *Hidayah* erlangen. Er gibt ihnen die *Hidayah,* wie sie es wünschten. Es kommt nicht infrage, dass Allah einem Menschen *Hidayah* gewährt oder sie für ihn erschafft, ohne dass der Mensch es wünscht.[12]

---

8 Cihat Tunç, "İslam Dinine Göre Hidayet ve Dalalet", Erciyes Üniversitesi İlahiyat Fakültesi Dergisi, Kayseri, 1989, sayı: 6, s. 26.
9 Recep Ardoğan, Sistematik Kelam Ve Güncel İnanç Sorunları, s. 144.
10 Yunus, 10/108.
11 Mehmet Bulut, "Hidayet, Dalalet ve İnsanın Sorumluluğu", DEÜ İlahiyat Fakültesi Dergisi, İzmir, 1995, sayı: IX, s. 231.
12 Mehmet Bulut, "Hidayet, Dalalet ve İnsanın Sorumluluğu", s. 238.

DIE GLAUBENSFRAGEN DER JUGEND

Allah erschafft Seine Diener nicht als Gläubige oder Ungläubige. Es ist der Mensch selbst, der den Glauben oder den Unglauben wählt. Der Glaube, das heißt die *Hidayah*, wird für den Menschen als Ergebnis seines Wunsches und Willens erschaffen. Andernfalls ergebe es keinen Sinn, dass der Mensch verantwortlich gemacht wird.[13]

Egal in welcher Epoche und Nation der Mensch erschaffen wird, egal welche Herkunft, welchen Glauben und welche Überzeugung er hat, wird er aufgrund der Tatsache, dass er eine Schöpfung Allahs ist, mit verschiedenen Möglichkeiten und Chancen geprüft, welche wir kennen oder nicht kennen, welche wir nicht kennen können oder nie kennen werden. Er wird geprüft, damit er zur Gerechtigkeit, Wahrheit und Rechtleitung gelangen kann. Ihm werden die Wege der Rechtleitung anhand der Propheten, Büchern und Menschen mit Kenntnissen aufgezeigt. Oder der Mensch wird Schwierigkeiten ausgesetzt, die über seine eigene Stärke hinausgehen. Dadurch bemerkt er seine eigene Bedürftigkeit und die Schwächen anderer. Ein Mensch spürt in den Tiefen seines Herzens, dass nur Allah ihn vor dieser Schwierigkeit retten kann. So macht Allah Seine Anwesenheit direkt im Herzen Seines Dieners spürbar. Infolgedessen wird der Mensch, sofern er sich der Absicht zum Glauben zuwendet, von Allah rechtgeleitet.[14] Wenn er sich dieser Absicht nicht zuwendet und sein Leben ohne den rechten Glauben fortsetzt, kann er nicht rechtgeleitet werden. Mit anderen Worten, lehnen Ungläubige selbst beharrlich alle Arten von subtilen und offensichtlichen, internen und externen Beweisen und Hinweisen ab, die zum Glauben führen. Sie nutzen nicht die Möglichkeiten und Chancen, welche sie zum Glauben führen. Ihnen das Richtige zu zeigen ist nahezu unmöglich. Sie

---

13 Mehmet Bulut, "Hidayet, Dalalet ve İnsanın Sorumluluğu", s. 238.
14 Mehmet Bulut, "Hidayet, Dalalet ve İnsanın Sorumluluğu", s. 239.

DER GLAUBE AN DIE VORHERBESTIMMUNG
UND AN DAS SCHICKSAL

haben also ihren eigenen Weg gewählt. Entsprechend dieser Wahl entsteht der Unglaube im Menschen. Auch wenn die Erschaffung der *Dalalah* (des Irregehens) Allahs Tat ist, so liegt es in der Verantwortung des Menschen selbst, den Irrweg einzuschlagen, sich dafür zu entscheiden. Daher ist es tatsächlich ein metaphorischer Ausdruck, dass Allah für einen Seiner Diener das Abirren (*Dalalah*) wünscht. Es bedeutet, dass Allah einen Menschen auf dem Weg des Irregehens zurücklässt, den er selbst beharrlich geht.[15]

Deshalb folgt die Irreführung oder die Rechtleitung Allahs eines Menschen, erst nachdem dieser Mensch den guten oder schlechten Weg selbst gewählt hat. Wenn es nicht so wäre, sondern Allah entschieden hätte, wer rechtgeleitet und wer irregeführt wird, so würde die Sendung der Propheten und der heiligen Bücher durch Allah keinen Sinn ergeben. Der Aufruf der Propheten zur Rechtleitung der Menschen ergebe genauso wenig Sinn. Tatsächlich ist die *Hidayah* Allahs, dass Er das Herz Seines Dieners, der freiwillig den rechten Weg gewählt hat, den rechten Weg lieben lässt und sein Herz dem Islam öffnet. Es ist eine Frage der Gerechtigkeit, dass Allah denjenigen, der aus eigenem Willen den Weg des Schlechten und des Unglaubens gewählt hat, zur *Dalalah* (Irreführung) führt. Gewiss wird Allah für einen solchen Menschen keine zwingende Rechtleitung erschaffen oder zwingend den Glauben in sein Herz setzen.[16]

---

15 Mehmet Bulut, "Hidayet, Dalalet ve İnsanın Sorumluluğu", s. 240.
16 Cihat Tunç, "İslam Dinine Göre Hidayet ve Delalet", s. 39-40.

Kann sich das Schicksal ändern? Leben wir, egal was wir tun, strikt das, was das Schicksal bestimmt❓

Die Vorherbestimmung (*Qadar*) wird beschrieben als die Bestimmung der Ereignisse durch Allah, noch ehe Zeit und Raum erschaffen wurden (*Azal*) und das Schicksal (*Qadha*) dagegen ist die Verwirklichung dieser Ereignisse (wenn die dafür bestimmten zeitlichen und räumlichen Bedingungen erfüllt wurden). Unser Schöpfer weiß durch Sein unbegrenztes Wissen über alles, was geschehen ist und geschehen wird, Bescheid. Die Tatsache, dass Er allwissend ist, ist eine Voraussetzung seiner Göttlichkeit. Das Schicksal zu ändern bedeutet, die Erkenntnis Allahs zu ändern – was nicht möglich ist.

Einige Gelehrte, die annehmen, dass sich das Schicksal ändern kann, führen die *Ahadithe* (Überlieferungen) als Beweis vor, die besagen, dass Almosen (*Sadaqa*) das Übel verbannen und die Pflege der Verwandtschaftsbeziehungen (*Sila-i Rahiym*) das Leben verlängert. Doch in solchen Angelegenheiten, die abhängig von Bedingungen und Ursachen sind, wusste unser Schöpfer anhand seines allumfassenden Wissens, wie sich Seine Diener verhalten werden, und bestimmte dementsprechend deren Schicksal. Mit anderen Worten, all diese Veränderungen sind schon im Schicksal der Menschen enthalten (da alle Geschehnisse/Ereignisse noch vor dem Hervortreten im Erkenntnis/im Wissen unseres Schöpfers enthalten waren). Der Mensch hingegen kennt sein Schicksal nicht. Er ist mit seinem freien Willen dafür verantwortlich, gemäß Allahs Geboten und Verboten zu handeln und seine Pflichten bestmöglich zu erfüllen.[17]

17 Yusuf Şevki Yavuz, "Kader", DİA, c. 24, s. 58-63; https://kurul.diyanet.

DER GLAUBE AN DIE VORHERBESTIMMUNG UND AN DAS SCHICKSAL

Beeinflusst das Bittgebet *(Du´a)* das Schicksal?

Das Bittgebet (*Du´a*) ist das Bekenntnis eines Menschen gegenüber seinem Schöpfer, über die eigenen Schwächen und Unzulänglichkeiten, angesichts der Herrlichkeit Allahs, und sein Bitten und Flehen seinem Schöpfer gegenüber um Hilfe. Tatsächlich zeigt der Mensch durch das Bittgebet seine untertänige Hingabe zu Allah, und aufgrund seines Gebets steigt er angesichts seines Schöpfers auf die höchste Ebene, ein Diener Allahs zu sein, auf.[18] Aus folgendem *Hadith* (Überlieferung) unseres Propheten (saw.): *„Du´a (das Bittgebet) ist die Essenz der Anbetung (Allah zu dienen)"*, geht hervor, dass das Bittgebet als ein wichtiger Akt der Anbetung (*Ibadah*) angesehen wird.[19]

Das Sich-Erinnern an Allah und das Gedenken Allahs, sei es wegen der eigenen Bedürfnisse und Fehler oder wegen eines Seiner Segen/Gaben, gibt einem Menschen seelischen Trost und Frieden.[20] Einige Leute denken vielleicht, dass durch das Lesen und Wiederholen einiger Bittgebete ihre Wünsche und Bedürfnisse auf der Welt sofort verwirklicht werden. Wohingegen unser Prophet (saw.) verkündet, dass das Bittgebet einer Person angenommen wird, indem entweder der Wunsch auf dieser Welt erfüllt wird oder auf das Jenseits verschoben wird, oder stattdessen ein mögliches Übel von ihm abgewandt wird.[21]

Der Mensch trifft die notwendigen Vorkehrungen gegen die Schwierigkeiten, mit denen er im Leben konfrontiert wird.

---

gov.tr/Cevap-Ara/26/kader-degisir-mi?
18 Al-Furqan, 25/77.
19 Tirmizî, Daavât, 1.
20 Ar-Ra'd, 13/28; al-A'la, 87/15.
21 İbn Hanbel, III, 17.

Da er jedoch die Zukunft nicht kennt, kann er sich in einigen Fällen unzulänglich fühlen und durch die Bittgebete wieder Hoffnung schöpfen. Wohingegen das Beten/Bittgebet, um die Verwirklichung dessen zu verhindern, was Allah vorherbestimmt hat, oder damit etwas zustande kommt, was Allah nicht vorherbestimmt hat, kann jedoch nicht als Bittgebet - im Rahmen der Anbetung (*Ibadah*) - gewertet werden.

Es sollte nicht vergessen werden, dass die Ereignisse, die stattfinden werden, durch Allah in eine Ursache-Wirkungen-Beziehung gesetzt wurden. Allah weiß mit seinem Allwissen, das alles umfasst, was seine Diener tun und tun werden, und kennt die Bittgebete, die sie aufsagen werden, und gestaltet deren Vorherbestimmung/Schicksal dementsprechend. Daher erscheint das Bittgebet (*Dua´*) eines Menschen als ein Teil der Vorherbestimmung Allahs. Mit anderen Worten, wenn unser Schöpfer eine Änderung des Schicksals, als Ergebnis des Bittgebets, vor Entstehung des Daseins vorherbestimmt hat, wird diese Änderung zu gegebener Zeit eintreten, und wenn Er eine Änderung nicht gewünscht hat, so wird dies nicht der Fall sein.[22]

Welcher Zusammenhang besteht zwischen dem Gottvertrauen (*Tawakkul*) und dem Schicksal?

„*Tawakkul*" bedeutet, nachdem alle materiellen und spirituellen Gründe berücksichtigt, alles Erdenkliche getan wurde, und nichts anderes mehr zu tun ist, sich auf Allah zu verlassen und das Resultat Allah zu überlassen.

---

[22] Selahattin Parladır, "Dua", DİA, c. 9, s. 530-535; https://kurul.diyanet.gov.tr/Cevap-Ara/772/dua-kader-iliskisi-nedir--duanin-eceli-degistirdigi--belalari-uzaklastirdigi-sozu-ne-anlama-gelmektedir-

DER GLAUBE AN DIE VORHERBESTIMMUNG UND AN DAS SCHICKSAL

Alle Ereignisse, denen wir in unserem Leben begegnen, stehen in einer Ursache-Wirkungen-Beziehung zueinander. Wenn wir z.B. in der Uni nicht für unsere Universitätsprüfung gelernt haben, können wir nicht das gewünschte Ergebnis erzielen. Wir können kein Produkt bekommen, ohne Samen gesät zu haben. Wir können keinen Lohn erwarten, ohne dafür gearbeitet zu haben. Mit unserem Verstand und Willen erkennen wir die Verantwortung, die auf uns fällt, arbeiten und streben dementsprechend, das Ergebnis jedoch erwarten wir von Allah. Das ist wahres Gottvertrauen (*Tawakkul*). Das Ergebnis, dem wir begegnen, nachdem wir alle Vorsichtsmaßnahmen getroffen haben, ist unser Schicksal. *Tawakkul* ist das natürliche Ergebnis unseres Glaubens an das Schicksal.

Mit dem Gedanken zu leben: „Wir leben, was in unserem Schicksal bestimmt ist", und auf die Vorsichtsmaßnahmen und Anstrengungen zu verzichten und unsere eigenen Verpflichtungen Allah zu überlassen, ist nicht *Tawakkul*, sondern Faulheit und Trägheit. Dies ist nicht das *Tawakkul*-Verständnis unserer Religion. Der richtige *Tawakkul*-Glaube schützt uns vor dem falschen Schicksalsglauben.

Ist arbeiten allein ausreichend, um das zu bekommen, was wir wollen?

Damit die Menschen das, was sie im Leben wollen, erreichen können, müssen sie sowohl arbeiten als auch sich Allah ergeben. Das von unserem Schöpfer in der Welt etablierte System erfordert, dass die Menschen arbeiten, um Erfolg zu haben. Als Gegenleistung für diese Arbeit wird der Mensch jedoch so viel zurückbekommen, wie Allah es ihm gewährt. Es ist dem Menschen nicht möglich, mehr als seinen Anteil zu erzielen, und Allah macht diesen Anteil von der Arbeit des Menschen abhängig. Das beste Beispiel, das in dieser Hinsicht gegeben werden kann, ist die Versorgung/der Unterhalt (*Rizq*).

Das Erschaffen und Gewähren der Versorgung obliegt ganz allein Allah. Es liegt jedoch in der Verantwortung des Menschen seinen Lebensunterhalt durch *Halal*-Wege (auf erlaubte/reine Weise) zu sichern. Während ein Mensch arbeitet, weiß er nicht, wie viel Unterhalt (*Rizq*) Allah für ihn bestimmt hat; er erfüllt nur seine Verantwortung. Dies ist in den anderen Lebensbereichen ebenso der Fall, wie etwa die Heirat, die Arbeitssuche, das Vorbereiten auf eine Prüfung usw. Wir zeigen unseren Willen, um Erfolg zu erlangen, indem wir die Mittel verwenden, welche Allah uns gegeben hat (als das tätliche Bittgebet), und Allah wird uns das gewähren, was für uns bestimmt ist. Natürlich sollte auch das mündliche Bittgebet (*Dua´*) nicht vernachlässigt werden.

Wie ist der Zusammenhang zwischen Nachlässigkeit und Schicksal? Wie können wir das Verhältnis zwischen den Ereignissen, wie etwa Verkehrsunfälle, Erdbeben etc. und dem Schicksal erklären?

Allah erschafft die Taten, welche der Mensch mit seinem freien Willen tun will. Die Tatsache, dass der Schöpfer dieser Taten Allah ist, bedeutet nicht, dass die schlechten und falschen Taten auf Ihn zurückzuführen sind. Dies würde bedeuten, den Glauben an das Schicksal als Vorwand zu nutzen. Darüber hinaus ist das ausschließliche Verlassen auf das Schicksal allein, ohne selbst tätig zu werden, auf die notwendigen Vorsichtsmaßnahmen zu verzichten und fahrlässig zu handeln mit dem Verständnis des Schicksals im Islam unvereinbar. Der Mensch kann sich der Verantwortung nicht entziehen, indem er das Schicksal als Rechtfertigung vorschiebt. Unser Schöpfer hat alle Ereignisse mit bestimmten Ursachen/Bedingungen in Zusammenhang gesetzt. Wenn der Mensch diese Bedingungen/Ursachen erfüllt, erschafft Allah die Ergebnisse dieser Ursachen. Der Mensch setzt seinen freien Willen in den Bereichen ein, in denen Allah ihm Verantwortung auferlegt hat. Deswegen sollte dem Menschen bewusst sein, dass er deswegen zur Rechenschaft gezogen wird.[23]

Unser Schöpfer verkündet Folgendes: *„Kein Unheil geschieht auf Erden oder euch selbst, das nicht in einem Buch stünde, bevor Wir es geschehen lassen. Das ist Allah fürwahr ein leichtes."*[24] Alles, was in der Vergangenheit passiert ist und in der Zukunft passieren wird, ist in Allahs vorewigem (*Azal*) Wissen. Da der Mensch sein Schicksal nicht kennt, muss er gegenüber allen Arten von Problemen und Katastrophen vorsichtig sein, weil er weiß, dass er für seine Handlungen verantwortlich gemacht wird, die seinem Willen und seiner Wahl unterliegen. Wenn ihn ein Unglück trifft, denkt er über seinen Anteil daran nach und bestimmt/ändert sein zukünftiges Verhalten dementsprechend. Er verhält sich wie von ihm als Diener Allahs gefordert und zeigt völlige Hingabe gegenüber seinem Schöpfer, ohne sich Ihm gegenüber aufzulehnen.

---

23 tps://kurul.diyanet.gov.tr/Cevap-Ara/28/-allah-boyle-yazmis--benne-yapayim---demek-dogru-mudur-.
24 Al-Hadid, 57/22.

Im Allgemeinen ist es möglich, die Probleme und Katastrophen in drei Gruppen zu gliedern:

Die erste Gruppe sind die Katastrophen und Unglücksfälle, für die der menschliche Wille nicht verantwortlich ist, wie etwa Naturkatastrophen oder mit einer körperlichen Behinderung geboren zu werden. Der Mensch trägt diesbezüglich keine Verantwortung. Er wird große Belohnungen erhalten, sofern er an das Schicksal glaubt und weiß, dass Allah ihn prüft und geduldig mit dem ist, was ihm widerfährt.

Die zweite Gruppe sind die Katastrophen, bei denen der menschliche Wille teilweise mitwirkt, wie zum Beispiel ein mitverschuldeter Verkehrsunfall; der Mensch ist in Höhe seines Fehlers mitverantwortlich.

Die dritte Gruppe sind Katastrophen und Unglücksfälle, bei denen der menschliche Wille unmittelbar mitwirkt; wie beispielsweise bei Menschen, die Lebensverluste und/oder Sachschäden verursachen, wie etwa durch das Überfahren einer roten Ampel, das alkoholisierte Autofahren, das Beschäftigen der Arbeitnehmer ohne Gewährleistung des Arbeitsschutzes, Gebäudebauten in Erdbeben-Gebieten ohne entsprechende Baumaßnahmen, die Gefährdung der Gesundheit usw.[25]

Ist die Heirat ein Teil des Schicksals?

Allah, Der Allmächtige, weiß alles und weiß, wen eine Person heiraten wird. In dieser Hinsicht ist die Ehe natürlich

---

25 https://kurul.diyanet.gov.tr/Cevap-Ara/27/bela-ve-musibetler-kader-midir-

ein Bestandteil des Schicksals. Diese Kenntnis Allahs hat jedoch keine zwingende Wirkung auf den Menschen. Allah gewährt dem Menschen im Hinblick auf die Partnerwahl eine Möglichkeit zu wählen, wenn auch nur begrenzt. In dieser Hinsicht ist die Ehe mit dem Willen des Menschen verbunden; und wo es einen Willen gibt, gibt es auch eine menschliche Verantwortung. Daher liegt die Verantwortung für die falschen Entscheidungen, die die Menschen in Bezug auf die Ehe treffen, bei den Menschen selbst und sie haben kein Recht diese Verantwortung an Allah zu übertragen, indem sie Folgendes sagen: „Dies ist anscheinend mein Schicksal, was soll ich tun?"

Sind Krankheiten aufgrund genetischer Defekte ein Teil des Schicksals?

Das Schicksal bedeutet, dass unser Schöpfer alle Dinge, welche in der Vergangenheit geschehen sind, gegenwärtig geschehen und zukünftig geschehen werden, ihre Zeit, ihren Ort, ihre Merkmale und ihre Eigenschaften kennt, diese bestimmt und gewährt. Wenn wir diese Frage so stellen, ob unser Schöpfer dies für angemessen bestimmt und es deswegen erschaffen hat, dann ist sie mit „ja" zu beantworten, denn die Geburt eines Menschen mit genetischen Krankheiten ist ein Teil des Schicksals; d.h. dies ist das Ermessen und die Bestimmung Allahs.

Dass genetische Störungen/Krankheiten ein Bestandteil des Schicksals sind, wie es in der Frage formuliert ist, hebt jedoch nicht unsere Verantwortung oder unsere Suche nach Vorsorge und Behandlung auf. Ein Beispiel hierfür ist die Ehe innerhalb der Verwandtschaft, welches ein wichtiger

Faktor bei vielen genetischen Krankheiten ist. Andererseits sind einige Untersuchungen, die während der Schwangerschaft bei einigen Erbkrankheiten durchgeführt werden, für die Früherkennung, Diagnose und Heilbehandlung sehr wichtig. Darüber hinaus wirkt der Konsum von Substanzen wie etwa Zigaretten und Alkohol unmittelbar bei der Entstehung genetisch bedingter Krankheiten. In Anbetracht dieser Hintergründe ist es unsere Pflicht, die Vorkehrungen zu treffen, die notwendigen Behandlungsprozesse zu befolgen und uns schließlich dem Ermessen unseres Schöpfers – unserem Schicksal – hinzugeben. Andernfalls würde die Verantwortung bei uns liegen.

Ist die Geburt mit einer körperlichen Behinderung ungerecht?

Nach islamischem Glauben ist das weltliche Leben ein „kurzes, vorübergehendes und begrenztes" Leben, wodurch die Glückseligkeit/Erlösung im ewigen Leben erlangt oder verloren werden kann. Alle Offenbarungen erinnern uns daran, dass unser echtes und wahres Leben im Jenseits nach den Ergebnissen unserer Prüfungen auf der Welt bestimmt wird; auch die Propheten vermittelten diese Wahrheit den Menschen.

Der Mensch, der auf die Welt gebracht wird, mit dem Zweck einer Prüfung, hat kein Wahlrecht in Bezug auf seinen Prüfungsbereich. Genauso wie ein Schüler, der an einer Prüfung teilnimmt, ohne dass ihm ein Wahlrecht bezüglich der Prüfungsfragen gewährt wird. Durch den folgenden Vers: *„Und wahrlich, Wir werden euch mit Furcht prüfen sowie mit Hunger und Verlust an Besitz und Menschenleben und Früchten;*

DER GLAUBE AN DIE VORHERBESTIMMUNG
UND AN DAS SCHICKSAL

doch verkünde den Standhaften Heil"[26], erfahren wir, dass sich unsere Prüfungen auf dieser Welt unterscheiden. Eine dieser Prüfungsarten sind körperliche Behinderungen. Ein Mensch, der das Leben nicht nur als diesem weltlichen Leben erachtet, sondern die Welt als das Ertragsfeld des Jenseits betrachtet, glaubt nicht daran, dass seine Behinderung eine Ungerechtigkeit ist, sondern akzeptiert, dass es seine Prüfung ist, und weiß, dass er seine Belohnung in einem echten und ewigen Leben bekommen wird. Außerdem kann von einer Ungerechtigkeit nur die Rede sein, wenn es sich um ein „nicht vergoltenes Recht" handelt. Hätten wir eine Gegenleistung erbracht, um gesund auf die Welt zu kommen, wäre eine Behinderung eine Ungerechtigkeit.

Für jemanden, der an Allah glaubt und Ihm vertraut, ist die Geburt mit einer Behinderung eine Art der Prüfung sowohl für den Betroffenen als auch für seine Verwandten. Sofern eine Person, die an Allah und Seine unendliche Barmherzigkeit glaubt, erkennt, dass das körperliche Handicap eine Prüfung auf dieser Welt ist, sie sich nicht gegenüber Allah auflehnt, die richtigen Gefühle und Verhaltensweisen zeigt, sich nicht auf ihr körperliches Handicap fokussiert und sich ihren anderen Fähigkeiten bewusst wird, so kann sie diese Situation, welche sie vorher als ungerecht oder schlecht empfand, in eine „gesegnete" (*Khayr*) und gute Gelegenheit umwandeln. Darüber hinaus sind die Hindernisse, denen wir in unserem Leben begegnen, ein Gewinn, da sie dazu beitragen, dass wir Belohnung bei Allah (*Sawab*) erlangen, dass unseren Sünden vergeben wird und unsere spirituellen Grade erhöht werden, sofern wir Geduld zeigen.

---

26 Al-Baqara, 2/155.

Könnte die Medizin eines Tages die Unsterblichkeit möglich machen?

Unser Schöpfer verkündet im heiligen Qur´an, dass *„jedes Leben den Tod auskosten"*[27] wird. Die Unsterblichkeit ist (laut Offenbarung) im Dialog zwischen dem ersten Menschen und dem Teufel ein Lockmittel/eine Verführung gewesen, die der Teufel als Einflüsterung (*Waswas*) an Adam (as.) richtete.[28] Seit Beginn der Geschichte hat die Menschheit ihre Suche nach einer längeren Existenz/Aufenthalt auf der Welt fortgesetzt. Die Beispiele, wie etwa die Mumifizierung, die wir aus der ägyptischen Zivilisation kennen, und die gegenwärtigen wissenschaftlichen und technologischen Entwicklungen in dieser Hinsicht, spiegeln das Streben nach dieser Suche eindeutig wider. Bekanntlich wurde dieses Ziel jedoch bisher nicht erreicht. Es wird zukünftig auch nicht möglich sein. Denn während der vergängliche Mensch auf dieser vergänglichen Welt lebt und in der begrenzten Zeit, die er in dieser vergänglichen Ordnung existiert, ist es für ihn unlogisch und unmöglich, die Unsterblichkeit zu erlangen und sie zu leben. Nur unser Leben nach dem Tod ist ein ewiges Leben, und dort werden wir unsterblich sein.

Beeinflussen Dinge wie Amuletten oder Magie das Schicksal?

Schicksal bedeutet, dass „Allah, Der Allmächtige, alle Dinge und Ereignisse mit Seinem vorewigen (*Azal*) Wissen kennt und über diese bestimmt". Es ist unmöglich, dass Dinge, wie etwa Amuletten, Talismane, Magie usw. oder etwas anderes

---

27 Al-i Imran, 3/185.
28 Al-A'raf, 7/20.

das Vorherwissen Allahs verändern oder beeinflussen. In unserer Religion ist es strengstens verboten, aus irgendeinem Grund auf solche Dinge zurückzugreifen.

Gibt es Glück, Unglück oder Pech im Islam?

In der ersten Zeit des Islams (in der Zeit der Unwissenheit - Dschahiliyyah) hatte der Glaube an Unglück einen wichtigen Platz im Leben der Araber. Verschiedene Lebewesen, Gegenstände, Tiere und Zeitzonen wurden von den Menschen jener Zeit als unheilvoll angesehen, und diese Überzeugungen wurden von fast allen Teilen der Gesellschaft vertreten. Es gab also eine Gesellschaft, die angesichts dessen, was als unheilvoll angesehen wurde, zutiefst besorgt und wahnhaft war. Der Islam beschreibt den Glauben an Unglück als eine leere Täuschung, einen unbegründeten Aberglauben und versucht, die Menschen von solchen Gedanken fernzuhalten.

Unser Prophet (saw.) erklärte, dass in nichts Unglück gibt und[29] dass der Glaube an Pech *Schirk* (Beigesellen)[30] ist. Er (saw.) verkündete angesichts der Gegenstände, welche unter den unwissenden Arabern als Unglücksbringer galten, Folgendes: *„Gegenstände bringen kein Unglück, in dem Monat Safar liegt kein Unglück, das Rufen einer Eule bringt kein Unglück"*[31], und betonte, dass solche Überzeugungen Aberglaube sind.

Das Konzept von Glück und Pech ist mit dem islamischen Glauben an das Schicksal unvereinbar. Was der Mensch als Glück beschreibt, ist nichts anderes als Allahs Ermessen.

---

29 Buhârî, Tıb, 19.
30 Ebû Dâvûd, Tıb, 24.
31 Müslim, Selâm, 102.

DIE GLAUBENSFRAGEN DER JUGEND

„Sprich: ‚Nie trifft uns etwas anderes, als was Allah uns bestimmt hat. Er ist unser Beschützer. Und auf Allah sollen die Gläubigen vertrauen.'"[32]

Wenn ein Mensch die Ereignisse, die er als Glück oder Unglück ansieht, nicht als Allahs Kraft und Willen betrachtet, so wird er denken, dass diese Dinge nur willkürliches Glück/Unglück sind. Ist es Unglück, dass der Prophet Josef (as.) von seinen Brüdern in den Brunnen geworfen, aus dem Brunnen herausgeholt und als Sklave in Ägypten verkauft wurde? Ist es Glück, dass einer der wichtigsten Männer Ägyptens ihn kaufte und großzog und er später eine herausragende Stellung in Ägypten einnahm?

„Denn Allah setzt stets Sein Anliegen durch."[33] Die Geschwister des Propheten Josef (as.) waren neidisch auf ihn. Die Dinge, die sie taten, verhinderten jedoch nicht Allahs Bestimmung über den Propheten Josef. Als dann der Prophet Josef (as.) vor seinen Brüdern als mächtiger Herrscher stand, sagte er: *„Allah ist uns fürwahr gnädig gewesen."*[34] Er drückte seine Hingabe und seinen Glauben an Allah und seine Zufriedenheit über Allahs Urteil aus. Wenn man die *Sure Yusuf* (Josef) sorgfältig liest, versteht man, dass hinter den Ereignissen kein Glück oder Unglück steckt, sondern die Kraft und der Wille unseres allmächtigen Schöpfers.

---

32 At-Tawba, 9/51.
33 Yusuf, 12/21.
34 Yusuf, 12/90.

**DER GLAUBE AN DIE VORHERBESTIMMUNG
UND AN DAS SCHICKSAL**

Was ist „*Adschal*" (Todeszeitpunkt)? Wird das Leben mit dem, was wir tun, länger oder kürzer?

„*Adschal*" bedeutet „die von Allah für jedes Lebewesen vorgegebene Lebenszeit und der Zeitpunkt des Todes, welches das Ende dieser Lebensspanne darstellt".[35] Genauso wie es Allah ist, Der die Menschen erschaffen hat und für sie sorgt, so ist es wieder Er, Der ihnen das Leben nimmt, indem er den Zeitpunkt des Todes (*Adschal*) bestimmt. Jeder Mensch und jede Gesellschaft hat einen Todeszeitpunkt, und dieser Zeitpunkt wird weder vorgezogen noch verzögert. Allah Ta´ala verkündet dies im heiligen Qur´an, wie folgt: *„Aber Allah gewährt einer Seele niemals Aufschub, wenn ihr Termin gekommen ist. Und Allah ist mit dem, was ihr tut, wohl vertraut"*[36] *„Jedes Volk hat einen Termin. Und wenn sein Termin gekommen ist, können sie ihn um keine Stunde aufschieben oder beschleunigen."*[37]

Die oben genannten Verse besagen eindeutig, dass sich der Todeszeitpunkt nicht ändert. Was für eine Bedeutung haben also die *Ahadithe* (Überlieferungen), welche besagen, dass gute Verhaltensweisen, wie das Spenden von Almosen und das Pflegen der Verwandtschaftsbeziehungen, das Leben verlängern?

Die Verlängerung des Lebens kann hier als ein gesegnetes und qualitativ hochwertiges Leben verstanden werden. Andererseits kann Allah, weil Er die Handlungen dieses Menschen im Voraus kennt, seine Lebensdauer im Voraus ent-

---

35 Cihat Tunç, "Ecel", DİA, c. 10, s. 380-382.
36 Al-Munafikun, 63/11.
37 Al-A'raf, 7/34. Siehe auch: Yunus, 10/49.

sprechend bestimmt haben. Schließlich ist es nicht möglich, die von Allah festgelegte Lebensdauer zu ändern.[38]

---

38 Fatih Kurt, "Ehl-i Sünnete Göre Ecel", Gümüşhane Üniversitesi İlahiyat Fakültesi Dergisi, 2019, cilt: VIII, sayı: 15, s. 116-131.

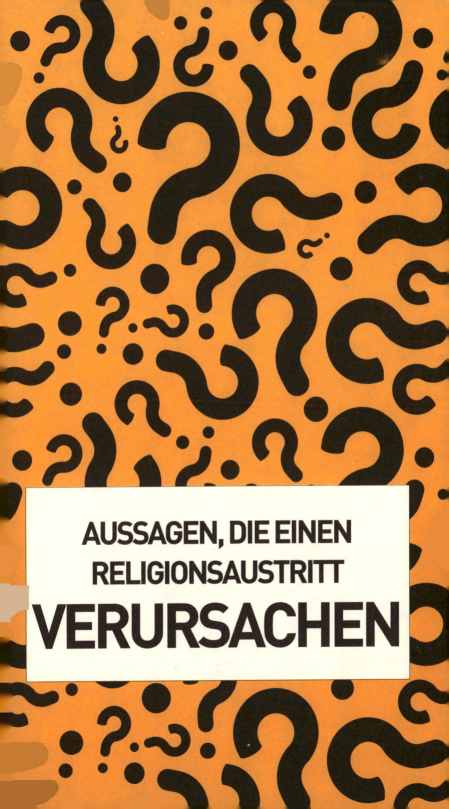

AUSSAGEN, DIE EINEN RELIGIONSAUSTRITT VERURSACHEN

Können Worte, die wir benutzen, dazu führen, dass wir vom Glauben abfallen?

Folgende Taten können dazu führen, dass ein Muslim vom islamischen Glauben abfällt: die Verleugnung eines der Glaubensgrundsätze des Islams, wie etwa eines der Glaubensprinzipien (der Glaube an Allah, an die Bücher, an die Propheten, an den Tag des Jüngsten Gerichts, an die Vorherbestimmung und an das Schicksal), jemand anderen (oder etwas anderes) Allah beizugesellen, Allah mit Attributen zu benennen, die Seiner Herrlichkeit nicht angemessen sind, beispielsweise Ihn als „Vater" zu bezeichnen, Allah geizig zu nennen, zu jemand anderem als Ihn zu beten und diesen um etwas anzuflehen, sich über Allahs Eigenschaften und Namen lustig zu machen, die Propheten auf die Ebene Allahs zu erheben (ihnen Göttlichkeit zuzuschreiben) oder im Gegenteil, sie zu verspotten, die Engel zu verspotten, insbesondere die zynischen Aussagen in unserer Gesellschaft über den Todesengel *Azrail* (as), oder die Engel herabzustufen oder sie zu beleidigen, das Leugnen und Verspotten einen der Verse oder eindeutigen Urteile des heiligen Qur´ans, auch der Glaube an die Reinkarnation, da dies das Leugnen des Jenseits bedeutet.[1] Darüber hinaus fällt jemand vom Glauben ab, der eines oder einige oder alle Themen, die offensichtlich anhand der Beweise absolut Pflicht (*Fardh*) oder absolut verboten (*Haram*) sind, leugnet/ablehnt oder geringschätzt, genauso schließt auch das Ablehnen, Unterschätzen, Ignorieren, Abneigung zeigen/äußern oder das Verspotten dieser

---

1   Ahmet Saim Kılavuz, İman Küfür Sınırı, s. 106-130.

Inhalte eine Person aus der Religion aus. Jemand, der die Worte mit dieser Bedeutung **bewusst ausspricht und aus tiefem Herzen daran glaubt**, fällt vom islamischen Glauben ab, auch wenn dies nicht seine Absicht war.

Als Beispiel für Aussagen, wodurch eine Person von der islamischen Religion abfällt, können folgende aufgeführt werden: *„Ich liebe dich mehr als Allah." „Auch wenn Allah kommt, kann Er dich nicht vor mir retten." „In welchem Zeitalter leben wir, dass wir in dieser Zeit beten sollen?" „Das Gebet ist eine körperliche Betätigung; wir brauchen das Gebet nicht." „Allah hat sich nicht in unsere Taten einzumischen." „Mein Führer ist dem Propheten übergeordnet"*, usw.

Obwohl der Glaube ein Thema ist, das vom Herzen ausgeht, hat die Sprache eine wichtige Verantwortung beim Ausdrücken des Glaubens und dabei, ob eine Person als ein Muslim akzeptiert werden kann. Nachdem das Herz gläubig ist, kann die Zunge nicht aussprechen, was sie will. Unsere Worte dürfen dem Glauben in unserem Herzen nicht widersprechen. Muslime müssen penibel sein, wenn es darum geht, die oben genannten Worte und Taten zu vermeiden, die dem Glauben schaden können. Insbesondere kann nicht toleriert werden, dass die Inhalte, die der Islam als heilig erachtet, verspottet werden. Nachdem der Mensch eines der Worte gesagt hat, die dem Glauben schaden, so sollte er um Vergebung bitten und sofort das Glaubensbekenntnis (*die Schahada*) aufsagen.

**AUSSAGEN, DIE EINEN
RELIGIONSAUSTRITT VERURSACHEN**

Wie ist die Situation einer Person, die aus Gewohnheit einen anderen Muslim als „gottlos" oder „buchlos" bezeichnet?

Einige der Worte des Propheten (saw.) über Muslime, die sich gegenseitig Unglauben vorwerfen, lauten wie folgt:

„Wer einen Menschen als einen Ungläubigen bezeichnet oder zu ihm ‚oh du Feind Allahs' sagt, obwohl es nicht der Wahrheit entspricht, so trifft das gesagte Wort auf ihn selbst zu."[2]

„Einen Gläubigen zu verfluchen, gleicht ihm zu töten. Jeder, der einen Gläubigen mit dem Unglauben beschuldigt, hat ihn zeitgleich getötet."[3]

„Sobald jemand seinen muslimischen Bruder ‚oh du Ungläubiger' nennt, nimmt einer von ihnen diese Beschuldigung auf sich. Wenn es der Wahrheit entspricht, so bleibt der Unglaube beim Beschuldigten, ansonsten kehrt sie zu dem zurück, der sie ausgesprochen hat."[4]

Wenn diese Warnungen des Propheten (saw.) beachtet werden, so ist sogar die Andeutung falsch, eine eindeutig als einen Muslim bekannte Person als einen Ungläubigen zu bezeichnen. Die Ausdrücke „gottlos" (Atheist) oder „buchlos" (an keinen der heiligen Bücher insb. dem heiligen Qur´an nicht gläubig) etc., sei es virtuell oder von Angesicht zu Angesicht, zu einem Muslim zu sagen, sind die härtesten Worte, die ihm gegenüber verwendet werden können. Aus diesem Grund sollten Muslime diese und ähnliche Worte vollständig aus ihrem Sprachgebrauch entfernen. Auch

---

2 Müslim, Îmân, 112.
3 Buhârî, Eymân, 7; Tirmizî, Îmân, 16.
4 Müslim, Îmân, 111.

wenn grundsätzlich diese Regel gilt, fällt jemand nicht vom Glauben ab, wenn er einen Muslim aus gewohnter Mundart, als Ausrutscher oder die Tragweite dieses Ausdrucks nicht kennend oder aus Gedankenlosigkeit „gottlos" nennt, ohne dies tatsächlich zu meinen. Man sollte jedoch darauf achten, solche Wörter nicht zu verwenden oder dies zur Gewohnheit zu machen.

Ist es *Schirk* (Beigesellen), jemanden als „ägyptischen Gott" zu bezeichnen, wenn man über Persönlichkeiten der ägyptischen Mythologie spricht?

„*Schirk*" bedeutet: „Der Göttlichkeit des höchsten Wesens, welches das Universum erschaffen hat und es verwaltet – Allah – (jemand anderen oder etwas anderes) beizugesellen."[5] Da die islamische Religion auf dem Prinzip basiert, dass Allah in Seiner Persönlichkeit, Seinen Eigenschaften und Taten einzig und einzigartig ist, können keine Eigenschaften und Taten, welche Allah zugeordnet werden, anderen Wesen zugeschrieben werden. Daher ist es für einen Gläubigen nicht richtig, Ausdrücke zu verwenden, die mit heidnischen Überzeugungen zusammenhängen wie etwa „ägyptischer Gott", „Himmelsgott", „Gott der Erde", „Göttin der Schönheit" usw. Grundsätzlich gilt dieses Prinzip. Wenn man jedoch die Wesen beschreibt, die in einer polytheistischen Religion als Gottheiten bezeichnet werden, wie etwa der Ausdruck „ägyptischer Gott", womit aber gemeint ist, dass er „im alten Ägypten als Gottheit akzeptiert wurde", kann nicht im Rahmen des *Schirks* bewertet werden. Weil *Schirk* ein Resultat der bewussten und absichtlichen Wahl

---

5   Mustafa Sinanoğlu, "Şirk", DİA, c. 39, s.193-198.

einer Person ist. Im Zusammenhang mit einer Erzählung ist von einer bewussten Absicht nicht die Rede. Wie oben bereits erwähnt, kann die Verwendung dieser und ähnlicher Ausdrücke ohne weitere Bedenken, im Laufe der Zeit dazu führen, dass die Sensibilität einer Person bezüglich ihres *Tawhid*-Glaubens (absoluter Monotheismus) verringert wird oder es zu Missverständnissen führen kann. Daher ist es nicht korrekt, diese und ähnliche Ausdrücke zu verwenden.

Schädigt es unserem Glauben, wenn wir die Bezeichnung „Schöpfer", die das Attribut Allahs ist, für jemand anderen verwenden; zum Beispiel, wenn wir eine Person als einen „Schöpfer" bezeichnen❓

Es ist Allah, Der alles aus dem Nichts erschaffen hat und weiterhin erschafft. Wenn sich jemand dessen bewusst ist und das Wort „Schöpfer/schöpferisch" einfach verwendet, um zu sagen, dass Dinge umgestaltet oder entdeckt werden, so fällt er mit der Verwendung dieses Wortes nicht vom Glauben ab. Im heiligen Qur´an heißt es wie folgt: *„[...] Gelobt sei Allah, der Beste aller Schöpfer!"*[6] Im Arabischen wurde das Wort Erschaffen/Hervorbringen in der Vergangenheit für Menschen verwendet, die etwas machten oder herstellten/produzierten. Aber im Laufe der Zeit wurde dieses Wort nur noch für Allah verwendet; jemand anderen als Allah als einen „Schöpfer" zu bezeichnen, widerspricht dem Anstand ein Diener Allahs zu sein.[7]

---

6 Al-Mu'minun, 23/14.
7 Kur'an Yolu, c. 4, s. 13-15.

Schädigt es dem Glauben eines Menschen, der einige Urteile im heiligen Qur´an geringschätzt und sagt, dass sie der Vergangenheit angehören?

Im heiligen Qur´an wird häufig thematisiert, wie Juden ihr eigenes Buch änderten und seine Bestimmungen nicht umsetzten. Die Juden setzten einige Bestimmungen der Thora um, und einige wiederum nicht. Der heilige Qur´an, der uns dieses Thema übermittelt, kritisiert deren Haltung wie folgt: *„Glaubt ihr denn nur einem Teil der Schrift (Thora) und leugnet einen anderen? Wer aber solches unter euch tut, den trifft kein anderer Lohn als Schande (schon) in diesem Leben. Und am Tag der Auferstehung werden sie der schwersten Strafe ausgeliefert werden. Denn Allah ist nicht achtlos dessen, was ihr tut."*[8]

Gerade dieser Vers kann eine ausreichende Antwort auf unsere Frage sein. Denn der Glaube ist ein unteilbares Ganzes. Das heißt, man muss an alle Inhalte, an die geglaubt werden muss, als Ganzes glauben. Das Ablehnen eines einzelnen Inhalts schließt eine Person aus dem Glauben aus. Jemand, der einige Bestimmungen im heiligen Qur´an geringschätzt, indem er sagt, dass sie der Vergangenheit angehören und behauptet, es sei unmöglich, diese heute anzuwenden und diese Inhalte verwirft, entspricht ganz genau der im Vers kritisierten Haltung. Daher zeigt selbst die Ablehnung eines kleinen Teils eines Inhalts, an den geglaubt werden muss, dass der Glaube an diesen Teilinhalt nicht gegeben ist.[9]

---

8 Al-Baqara, 2/85.
9 Ahmet Davutoğlu, "İman Bir Bütündür", Yüksek İslam Enstitüsü Dergisi, İstanbul, 1964, sayı: 2, s. 6.

An das Buch zu glauben, daran festzuhalten und die Reise des Lebens unter seiner Führung fortzusetzen ist möglich, indem seine Gebote vollständig umgesetzt und erfüllt werden. Unser Prophet (saw.) drückte diese Tatsache,[10] wie folgt aus: „W*er die verbotenen Dinge des heiligen Qur´ans als zulässig ansieht, glaubt nicht an ihn.*"[11]

Schädigt es unserem Glauben, Lieder zu hören, deren Inhalt nicht mit dem islamischen Glauben vereinbar ist?

Es ist einem Muslim würdig, welchen Allah mit der Ehre Sein Diener zu sein geehrt hat, empfindsam und fürsorglich in seiner Pflicht als Diener Allahs zu sein. Daher dürfen wir keine Lieder hören, die Unglauben und Aufruhr enthalten.

Es gibt keine detaillierten und speziellen Bestimmungen über die Musik in unseren religiösen Quellen, wie etwa im heiligen Qur´an und in der *Sunnah* (Religionspraxis unseres Propheten saw.). Ebenso gibt es keine Beweise dafür, dass es definitiv eine Sünde ist, sich mit Musik zu beschäftigen oder Musik zu hören. Die islamische Religion begnügt sich damit, diesbezüglich allgemeine Grundsätze und Ziele festzulegen. Demnach ist es eine Sünde, Musik zu produzieren und zu hören, welche gegen die Prinzipien des Islams verstößt, die Menschen dazu aufstachelt sich Allah zu widersetzen, sie zur Sünde verführt, die eine Kultur der Rebellion und Opposition schafft und dazu verleitet, Ausdrücke und Definitionen enthält, die sexuelle Begierden erzeugt und dazu ermutigt *Haram* (absolut Verbotenes) zu begehen. Je-

---

10 Hadislerle İslam, c. 1, s. 548.
11 Tirmizî, Fezâilü'l-Kur'ân, 20.

mand aber, der die Lieder ausschließlich hört, ohne die Aufrufe und Handlungen zur Rebellion gegen Allah, die Gotteslästerung/den Unglauben und/oder das Schimpfen und Verfluchen des Schicksals zu befürworten, die Sünde und sündige Handlungen darin zu bejahen, wird zum Sünder und muss Allah um Vergebung bitten (*Tawba*).[12]

---

12 https://kurul.diyanet.gov.tr. /Cevap ara/-müziğin dindeki yeri-